安全塑美
医美机构合规策略全解析

贝赛 金琳 ◎ 著

知识产权出版社
全国百佳图书出版单位
—北京—

图书在版编目（CIP）数据

安全塑美：医美机构合规策略全解析／贝赛，金琳著.—北京：知识产权出版社，2025.1.—（律师执业研修文丛）.—ISBN 978－7－5130－9749－9

Ⅰ.D922.164

中国国家版本馆CIP数据核字第2024AZ8409号

责任编辑：彭小华　　　　　　　　责任校对：谷　洋
封面设计：智兴设计室·索晓青　　　责任印制：刘译文

安全塑美：医美机构合规策略全解析
贝　赛　金　琳　著

出版发行：知识产权出版社有限责任公司	网　址：http://www.ipph.cn
社　址：北京市海淀区气象路50号院	邮　编：100081
责编电话：010－82000860转8115	责编邮箱：huapxh@sina.com
发行电话：010－82000860转8101/8102	发行传真：010－82000893/82005070/82000270
印　刷：天津嘉恒印务有限公司	经　销：新华书店、各大网上书店及相关专业书店
开　本：720mm×1000mm　1/16	印　张：10.25
版　次：2025年1月第1版	印　次：2025年1月第1次印刷
字　数：200千字	定　价：88.00元
ISBN 978－7－5130－9749－9	

出版权专有　侵权必究

如有印装质量问题，本社负责调换。

序 一

以"医美机构的合规策略"为主题写一本书，是需要勇气的。因为这个题目不好写，标题本身就具有挑战性和探索性，内容需要有实用性和指导性，为医美机构，特别是民营医美机构，提供合规化的策略指引。

要把合规化策略这个问题说清楚，其难度之高是可以想象的，尤其是在涉及医美行业的法律法规尚不健全的形势下，想做到完全合规化，从业者面对的绝不仅是冰冷的法规那么简单，还要在行业自身存在的悖论中保持清醒，有时，法规解决不了问题的时候，要依循伦理原则。医美行业最大的悖论是：责任制度的错配，让以盈利为目标的公司承担医疗责任。也就是说，医美机构的投资人或职业经理人，一方面要让机构盈利最大化，另一方面又要为了医疗责任而对医疗行为加以限制，这让民营医美机构的老板们时时处于困扰之中。

让民营医美机构取得两块牌照之后方能开门营业，等于是为责任制度设定了制约框架，由公司主体承担经济责任，医疗主体承担医疗责任。可惜，在具体的制度建设上却没有深入下去。

于是，合规化便有了相应的策略性话题。

医美机构的合规策略需要系统性整理与总结。就像互联网的推荐算法，比如用贝叶斯逻辑，不管合理程度有多高，假设A用户喜欢B产品，那就先推荐了再说，然后根据用户A的反映，再调整产品B的策略，因此有了迭代和贝叶斯式更新。医美的合规化进程也是如此，总得有一个开始，然后根据不断出现的新情况进行修订，让法规系统处于迭代与进步的空间之中。本书就是这颗迭代的"种子"。书中对预付式消费、在用医械转让、渠道医美、三方平台、医美直播、医美分期、投资与并购、医美IPO、化妆品使用、销售宣传等领域的建议方案与问题列表，都是很好的开始。

本书有不错的工具价值。第五章内容是医美合规风险控制指引，是对前面内容的总结和提炼，以流程图加目录列表的形式展开，涉及医美行业合规指引、医美机构运营合规指引、"医美+"业务的合规指引等，这种组织方式有点像加了"检字表"的字典，很多问题可以先翻到后面找到对应条目，速览作者的"提要"，然后根据实际情况到正文查找对应的案例和论述。这对工作繁忙的医美管理者或医生，当他们在网络上搜索公共信息不足以应对问题时，这种阅读方式非常有价值。

本书的另一个特点是基于探索的创新性，敢为天下先。如总结了"医美+"的概念，就带有较强的创新。同时，对那些尚无定论的、处于探索中的、摸着石头过河的若干领域，直接触及且不担心争议，表现了作者作为法律工作者应有的担当。问题总要有人第一个提出来，经过大家的讨论才有解决办法。当然，任何探索性的话题都可能出错，但也有它的意义。

本书的内容应该是处于可持续迭代的状态，因其内容与话题前沿性高，所以不断更新再版是完全可能的，它将来或许能够成为医美合规进程中，法律法规完善的演进史。

医美行业发展需要在合规管理上发展出一套规则，且应具有一定的普适性。杭州是我国医美行业的热点城市，也是互联网电商、直播平台、渠道医美、双美模式、化妆品与药械交叉应用等热词的聚集活跃之地，相关法律工作者在美丽的西子湖畔，触发对这些探索性强、争议大、示范作用显著、合规边界模糊的焦点问题的思考，也是顺理成章。

本书作者基于多年医美行业合规法律事务的经验，归纳总结的内容，具有全行业的参考价值，让广大从业者在遇到问题时可以快速找到相应的线索和操作方法指引，因此，值得推荐。

---

* 李滨，联合丽格医疗集团董事长，医美产业倡导人。

序 二

在这个知识与美学交织的时代,医美合规的探讨,犹如一叶扁舟,承载着法学与医学的精髓,缓缓驶向我们的视野。今日,我们有幸通过两位律师的笔触,以其深厚的法律功底和对医美行业的独到见解,为医美行业的同人撰写了这部著作——《安全塑美:医美机构合规策略全解析》。

"法者,天下之程式也,万事之仪表也。"本书作者,以其博学多识,将医美行业的法律法规,娓娓道来,深入浅出。他们不仅深入挖掘法律条文的精髓,更以诗意的笔触,将医美合规的理念,融入每一个案例之中,让读者在法律的严谨与医美的艺术之间,找到了平衡与和谐。

"文章合为时而著,歌诗合为事而作。"本书作者以其敏锐的洞察力和深邃的思考,将医美合规的理论与实践相结合,为我们展现了一个全面、立体的医美合规图景。从医美机构的设立、资质、运营,到医美服务的提供,再到消费者权益的保护和"医美+"业务的发展,全方位地梳理了医美行业运营管理的合规风险要点。书中,作者不仅阐释了医美机构的合规运营,更关注了消费者权益的保护,每一章节都条分缕析、详略得当,让人在阅读的过程中,能够更加直观地理解法律的适用与实践。

"不以规矩,不能成方圆。"在医美行业这个特殊的领域,合规的重要性不言而喻。本书作者以其严谨的态度,为医美行业的从业者、管理者提供了一个合规的框架,在塑造美丽的同时,不忘法律的约束。这是对医美行业的尊重,也是对法律的尊重。

"桃李不言,下自成蹊。"作为律师事务所的主任,我深感荣幸能为这样一部作品撰写序言。我相信,这本书不仅会成为医美行业从业者、管理者的宝贵参考,更会为法律界同人提供新的视角和思考。

"路漫漫其修远兮,吾将上下而求索。"希望每一位翻开这本书的读者,都能在法律的光辉照耀下,找到属于自己的医美合规之路。愿这本书成为连接法律与医美行业的桥梁,为行业的发展贡献力量,为社会的和谐添砖加瓦。

  最后,我要向作者表达最诚挚的敬意和最美好的祝愿。愿《安全塑美:医美机构合规策略全解析》一书能够成为一部务实之作,引领医美行业走向更加规范、更加美好的未来。

沈向明[*]

---

[*] 沈向明,浙江浙杭律师事务所主任、一级律师。

前　言

近些年来，医美行业的蓬勃发展，为求美者提供了更多的消费选择，让很多人改变了生活方式。与此同时，医美行业的繁荣也伴随着日益严格的监管要求，求美者和医美机构之间的纠纷也从未停歇。笔者作为法律从业者，也经常会碰到此类纠纷，会努力去化解矛盾纠纷，维护委托人的合法权益。这也让笔者开始观察和思考，如何才能让消费者明明白白消费、让医美机构正正规规经营？

医美行业一直在经历着深刻的变革。自2022年起，笔者有幸与众多医美机构进行了深入交流，注意到很多医美机构特别是中小机构在合规经营上缺乏认知，或者即便认识到问题，也因成本压力、程序烦琐等各种因素而没有引起足够的重视。所以，我们时不时会听到某个机构被处罚或者被索赔这样类似的事件，更有甚者，有些机构完全游离于合规之外，处于"裸奔"的状态。

作为法律工作者，面对到这样的事件，笔者既为消费者的权益受损感到痛心，也为医美机构的困境感到焦虑。在这个越来越规范的时代，没有一个商业主体能够这样一直"裸奔"下去。在医美行业的深刻变革中，合规化是不可或缺的一环。我们医美合规小组在过去两年多的时间里，一边调查，一边研究，不断向外传递合规化的正能量，旨在提升医美机构的合规品质。

本书是我们探索医美机构合规之路的初步成果。笔者要感谢身边小伙伴的不懈努力，感谢医美机构的信任和无私贡献。这条崎岖坎坷但又充满光明的医美合规之路，我们一定要继续坚定地走下去。

目 录 / CONTENTS

第一章 医美行业合规概述 · 1
第一节 医美行业概述 · 1
第二节 医美行业立法及监管趋势 · 2
一、立法层面 · 2
二、监管层面 · 2
三、执法层面 · 3

第二章 美容医疗机构的主要合规风险及建议 · 4
第一节 设立登记 · 4
一、美容医疗机构执业许可与校验 · 4
二、美容医疗机构资质审批流程 · 5
第二节 机构资质 · 6
一、医疗美容项目备案 · 6
二、手术项目分级备案 · 6
第三节 人员资质 · 10
一、负责实施医疗美容项目的主诊医师 · 10
二、从事医疗美容护理工作的人员 · 11
三、其他人员资质 · 11
第四节 药械安全 · 11
一、药品合规 · 11
二、器械合规 · 17
第五节 病历档案 · 23
一、案情简介 · 23
二、法律风险分析 · 23
三、"门诊病历记录"（以美容外科为例）书写相关规范 · 25
四、告知义务 · 26

第六节　广告宣传 ··· 31
一、医美广告的界定及发布流程 ···························· 31
二、医美广告内容的要求 ·································· 32
三、常见医美广告合规要点梳理及建议 ······················ 33

第七节　其他合规风险 ····································· 36
一、税务 ·· 36
二、竞争行为 ·· 44
三、知识产权 ·· 51
四、刑事风险 ·· 56
五、肖像权保护 ·· 63
六、数据信息安全 ······································ 67

第三章　美容医疗机构运营合规风险及建议 ····················· 72

第一节　业务合同 ··· 72
一、格式条款的定义及无效情形 ···························· 72
二、医美领域常见的不公平格式条款及风险提示 ·············· 73

第二节　股权转让 ··· 77
一、股权转让的流程 ···································· 78
二、法律尽职调查的关注要点 ······························ 78
三、股权转让纠纷中常见的争议焦点问题及合规分析 ·········· 81

第三节　劳动人事 ··· 83
一、医师多点执业的法律内涵及其分析 ······················ 83
二、医师与多点执业的其他医疗机构之间的关系 ·············· 84
三、美容医疗机构聘请多点执业医师的用工合规建议 ·········· 86

第四节　机构加盟 ··· 87
一、美容医疗机构连锁加盟的关键要素梳理 ·················· 88
二、特许人的民事法律风险及合规建议 ······················ 89
三、特许人的行政法律风险及合规建议 ······················ 89
四、连锁加盟可能面临的刑事法律风险 ······················ 90

第五节　财务管理 ··· 90
一、财务管理风险识别 ·································· 91
二、财务风险控制措施 ·································· 91

第六节　预付式消费 ······································· 92
一、基本概念与特征 ···································· 93

二、预付款消费模式下的法律风险 ………………………………… 93
　　三、预付款消费模式下的退卡问题 ………………………………… 96
　　四、预付款消费模式下美容医疗机构合规经营的建议 …………… 100
第七节　在用医疗器械转让 …………………………………………… 100
　　一、"二手"医疗器械能否转让 …………………………………… 100
　　二、转让方如何证明转让的"二手"医疗器械"安全、有效" …… 101
　　三、受让方的资质问题 ……………………………………………… 102
　　四、"二手"医疗器械转让的其他合规相关问题 ………………… 102
　　五、违法转让"二手"医疗器械的法律后果 ……………………… 102
第八节　医美与生美业务交叉开展 …………………………………… 103
　　一、美容医疗机构能否开展生活美容服务 ………………………… 103
　　二、生活美容机构能否开展医疗美容服务 ………………………… 104
　　三、相关处罚 ………………………………………………………… 104

第四章　"医美+"业务的合规风险及建议 …………………… 106

第一节　渠道医美 ……………………………………………………… 106
　　一、何谓渠道医美 …………………………………………………… 106
　　二、渠道医美常见的不合规风险点 ………………………………… 106
　　三、渠道医美高额返佣的合规边界 ………………………………… 107
第二节　医美平台 ……………………………………………………… 111
　　一、美容医疗机构入驻平台潜在的法律风险 ……………………… 111
　　二、医美平台适当履行审查义务 …………………………………… 111
第三节　医美培训 ……………………………………………………… 113
　　一、培训资质审核 …………………………………………………… 113
　　二、专业培训内容的制定与监管 …………………………………… 113
　　三、培训师资管理 …………………………………………………… 114
　　四、培训资料的科学性与更新 ……………………………………… 114
　　五、培训效果评估的方法 …………………………………………… 114
　　六、广告合规宣传 …………………………………………………… 114
　　七、信息共享与透明度的实现 ……………………………………… 114
第四节　医美直播 ……………………………………………………… 115
　　一、医美直播的定性 ………………………………………………… 115
　　二、医美直播的合规建议 …………………………………………… 116
　　三、常见医美直播"翻车"的责任承担 …………………………… 117

第五节 "医美贷""医美分期"业务 …………………………………… 118
　一、法律视域下的"医美贷"业务 …………………………… 118
　二、"医美贷"潜在的合规风险提示 ………………………… 119
　三、从事"医美贷"业务的合规建议 ………………………… 121
第六节 医美投资并购交易活动 ……………………………………… 122
　一、资本聚焦：医美行业投融资和收并购现状 ……………… 122
　二、投资并购美容医疗机构的审查要点 ……………………… 123
　三、医美行业投资并购的法律风险控制 ……………………… 126
第七节 医美公司上市 ………………………………………………… 127
　一、上市路径选择 ……………………………………………… 127
　二、医美企业上市重点核查的法律问题 ……………………… 132
第八节 化妆品的使用、销售及宣传 ………………………………… 136
　一、化妆品的法律概念及分类管理 …………………………… 136
　二、化妆品的使用、销售和宣传合规 ………………………… 136
　三、广告宣传 …………………………………………………… 137
　四、化妆品标签合规 …………………………………………… 137

第五章　医美合规风险控制指引 …………………………………… 143
第一节 医疗美容行业合规指引 ……………………………………… 143
第二节 美容医疗机构运营合规指引 ………………………………… 146
第三节 "医美+"业务的合规指引 ………………………………… 148

第一章

医美行业合规概述

第一节 医美行业概述

根据《医疗美容服务管理办法》的规定，医疗美容为应用手术、药物、医疗器械等具有创伤性或侵入性的医学技术手段，对个体的外貌和身体形态进行修复与重塑。其与生活美容截然不同，后者主要采用非医疗性手段，进行非侵入性美容护理，属于一种日常消费活动，不涉及医疗干预。美容医疗机构必须严格遵守《医疗美容服务管理办法》规定的卫生标准，包括手术室、医疗器械、医护人员的着装和消毒设施等，以确保服务的质量和安全。而生活美容场所由于不涉及侵入性操作，所以对环境和设备的要求相对宽松。医疗美容服务的提供者必须具备执业医师资格和医美主诊医师资质，且需接受卫生行政部门的严格监管。而生活美容服务通常由未经专业注册的美容师提供，其监管则由人力资源和社会保障部门负责。

医疗美容行业在监管加强、消费升级、颜值经济和技术革新的共同推动下，正经历着快速发展的阶段。轻医美项目，以其低风险、小创伤和快速恢复的特点，成为市场新宠。注射填充材料领域根据消费者的需求不断创新，产品种类包括玻尿酸、肉毒素、再生材料、胶原蛋白、活性材料、骨性材料和羟基磷灰石等，呈现出多样化的趋势。在光电医美器械市场，尽管国际品牌仍占据主导地位，但国产品牌也在积极突破技术限制。美容医疗机构的品牌化建设已成为行业发展的关键，同时，通过整合"公域+私域"的营销渠道，美容医疗机构能够更有效地吸引顾客并提升运营效率。

随着监管政策的逐渐收紧，医疗美容行业正逐步走向规范化和稳定化。而监管始终是中国医疗美容行业的政策核心。从行业的初期发展，通过设定行业规范和门槛，到发展加速阶段，加大整治力度，再到当前行业项目的不断细分和多样化，监管的重点正在向细分市场转移。随着监管力度的不断加大和监管范围的扩展，医疗美容行业的监管将不断深化，推动行业向更规范、更透明、更标准化的方向发展。

医疗美容，是一种以提升人体外在美为目的的专业医疗实践。它通过药物、医疗设备和手术等手段，对个体的形态、色泽和部分生理机能进行调整，以提高其外在美感，而非以治疗疾病为目的。

按照治疗的侵入性程度可以将医美划分为手术性和非手术性两大类。手术性项目通过外科手术对面部及身体部位进行根本性的改变或改善；而非手术性项目，也称为"轻医美"，是一种专业医疗美容服务，它采用微创或无创的医疗技术进行治疗，介于传统整形手术和日常美容护理之间。

轻医美服务主要有两大类：注射类和光电类项目。注射类项目通过注射透明质酸、肉毒素、胶原蛋白等材料，以消除面部皱纹和实现面部轮廓的塑形。而光电类项目则利用光电设备对皮肤进行治疗，以达到美容和抗衰老的效果。根据对皮肤作用的深度和原理，可将光电类医美进一步细分为光子、激光、射频和超声波等多种类型。

医美治疗的复杂性及其对材料的依赖性，使得其价格通常不菲。此外，医美治疗的分类不仅基于其侵入性，还涉及治疗的深度和使用的技术，因而形成了一个多样化的治疗领域。

第二节　医美行业立法及监管趋势

一、立法层面

近年来，随着医疗领域法律法规的不断更新与完善，医疗美容行业的合规要求日益严格。在医疗器械领域，2021 年修订的《医疗器械监督管理条例》加大了对美容医疗机构违法使用医疗器械行为的处罚力度。同样，在化妆品领域，2024 年 11 月 1 日，《化妆品检查管理办法》正式施行，明确了包括美容医疗机构在内的化妆品经营者义务，包括化妆品经营者应依法建立并严格执行化妆品进货查验和台账记录制度、不得自行配制化妆品、符合最小销售单元标签的规定等。

二、监管层面

医美行业主要受行政监管和行业自律的双重影响。

行政监管方面，国家卫生健康委员会、市场监督管理总局、国家药品监督管理局等机构多次联合开展医美综合监管执法和非法医美服务整治活动。2023 年 5 月 4 日国家十一部门联合印发的《关于进一步加强医疗美容行业监管工作的指导意见》（以下简称《意见》），强调了跨部门综合监管的重要性，通过登记管理、资质审核、信息共享、联合抽查等手段，构建起一个协同高效的监管体系。同时，它也注重监管与发展的平衡，充分考虑医疗美容行业的特点，优化行业准入条件，提升市场主体登记管理服务水平，并强化信息公开和信用约束。在准入管理方面，《意见》要求加强市场主体登记管理，确保医疗美容服务提供者依法取得必要的许可和备案，以及依托政务共享平台和大数据管理平台，促进信息共享，从而确保市场主体依法落实其主体责任。《意见》还要求加强事中、事后监管，将医疗美容诊疗活动及相关药品、医疗器械监管纳入重点事项，构建风险隐患发现和处置机制。通过跨部门联合抽查，确保监管效果，同时减少对市场主体正常经营活动的影响。在关联领域的监管上，《意见》指出要加强对医疗美容"导购"活动的监管，规范信息发布行为，严禁无资质人员从事医疗美容诊疗咨询或发布专业信息。同时，加强对医疗美容培训活动的监管，严禁提供无资质培训和虚假宣传。

行业自律方面，中国整形美容协会等组织在价格指导、规范运营、行业标准制订等方面采取了一系列措施，如推出首个医美项目价格指数、发布《2022年美容医疗机构规范运营指南》、上线"三正规"医美平台、制定《中国医疗美容标准体系建设"十四五"规划（草案）》，以促进医美服务的标准化和规范化。

三、执法层面

关于执法重点，监管机构在对美容医疗机构进行专项检查时，主要关注机构资质、人员资格、产品合规性和广告合法性。以上海市为例，2022年1月，上海卫生健康委员会公布了2021年度十起非法医美典型处罚案例，其中涉及未取得《医疗机构执业许可证》的机构和未取得《医师执业证书》的人员违规开展医美服务。同时，上海市药品监督管理局和市场监督管理局在2022年初联合开展的医疗美容市场专项检查中，重点核查了医美活动资质、药品和医疗器械的证照齐全性、来源以及广告的合法性。

第二章

美容医疗机构的主要合规风险及建议

第一节 设立登记

2023年3月，国家卫健委印发《2023年医疗卫生国家随机监督抽查计划》，其监督重点之一就是美容医疗机构的资质。2023年5月4日，市场监管总局、国家卫生健康委、国家中医药局、国家药监局、最高人民法院、最高人民检察院等十一部门联合印发《关于进一步加强医疗美容行业监管工作的指导意见》（国市监广发〔2023〕22号），着重强调了跨部门综合监管美容医疗机构的"设立登记"。由此可见，美容医疗机构的合规运营仍然是监管机关重点关注的问题。

一、美容医疗机构执业许可与校验

美容医疗机构在开展医美诊疗活动之前，必须根据其拟从事的诊疗服务范围，向卫生行政主管部门申请办理登记注册，以获得医疗机构执业许可证。拟设立三级美容医疗机构或者外商投资美容医疗机构的，还需要事先向登记机关递交审查申请，并获得设立医疗机构批准书。

执业许可证是美容医疗机构最基本的行业准入资质，其中载明了机构的名称、地址、主要负责人、诊疗科目、床位数、证书有效期限等关键信息。美容医疗机构获得执业许可证后，应当将其张贴在明显位置，供公众查阅和监督。同时，公众还可以通过国家卫健委的官网来查询美容医疗机构的登记信息。

值得注意的是，执业许可证上所注明的"有效期限"并不意味着美容医疗机构可以在此"有效期限"内无限期地从事执业活动。根据《医疗机构管理条例》《医疗机构校验管理办法（试行）》等的规定，《医疗机构执业许可证》也有"保质期"，需要进行定期校验，校验期为1年或者3年。美容医疗机构需要在校验期到期之前向登记机关办理医疗机构校验手续。倘若美容医疗机构执业许可证未在有效期内进行校验，登记机关将会责令其在20日内补办校验手续，逾期仍未办理校验手续的，或者初步校验不合格、暂缓校验期满后再次校验仍不合格的，登记机关将会依法注销其执业许可证。

2021年6月3日，国务院发布《关于深化"证照分离"改革进一步激发市场主体发展活力的通知》，明确了诊所设置审批和执业登记改革的措施，即取消对诊所执业的许可准入管理，改为备案管理。因此，符合条件的医疗美容诊所仅需报拟设置诊所所在地县级人民政府卫生健康行政部门备案，取得诊所备案凭证后即可开展执业活动。

二、美容医疗机构资质审批流程

美容医疗机构资质审批流程如图2-1所示。

（一）市场监督管理部门设立登记

根据国务院2015年10月发布的《关于"先照后证"改革后加强事中事后监管的意见》的规定，营利性美容医疗机构设置采取"先照后证"的管理模式，即设立人应当先向所在地的市场监督管理部门申请企业名称，经预先核准后，方可领取《营业执照》。

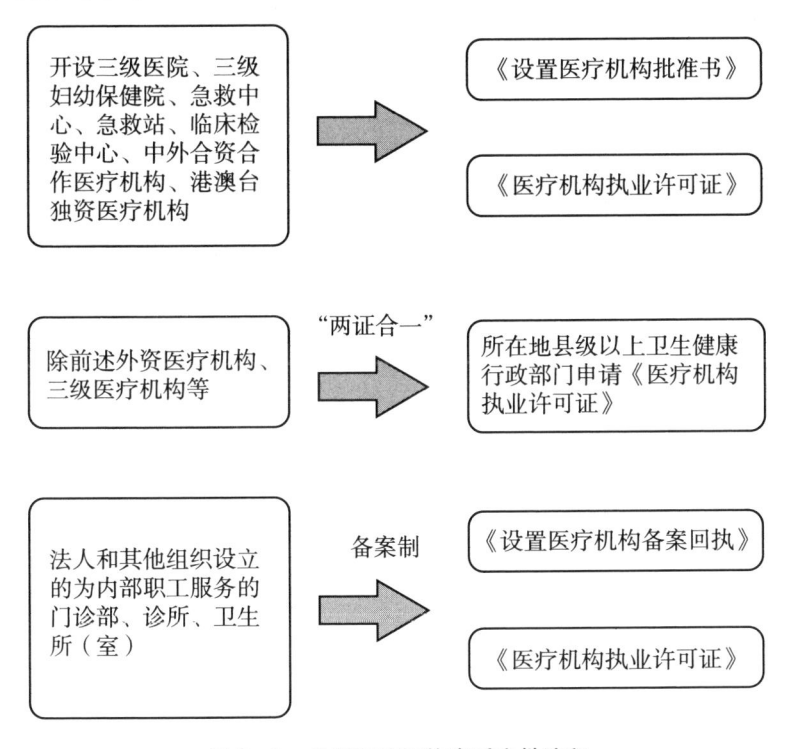

机构类型	审批方式	所获文件
开设三级医院、三级妇幼保健院、急救中心、急救站、临床检验中心、中外合资合作医疗机构、港澳台独资医疗机构	→	《设置医疗机构批准书》 / 《医疗机构执业许可证》
除前述外资医疗机构、三级医疗机构等	"两证合一" →	所在地县级以上卫生健康行政部门申请《医疗机构执业许可证》
法人和其他组织设立的为内部职工服务的门诊部、诊所、卫生所（室）	备案制 →	《设置医疗机构备案回执》 / 《医疗机构执业许可证》

图2-1　美容医疗机构资质审批流程

(二) 卫生健康行政部门审批

根据《医疗机构管理条例》第十五条"医疗机构执业,必须进行登记,领取《医疗机构执业许可证》"、第二十四条"任何单位或者个人,未取得《医疗机构执业许可证》,不得开展诊疗活动"以及《医疗美容服务管理办法》第八条"美容医疗机构必须经卫生行政部门登记注册并获得《医疗机构执业许可证》后方可开展执业活动"的规定,可知《医疗机构执业许可证》是美容医疗机构合规执业的要件之一,也是最基础的要件。

第二节 机构资质

一、医疗美容项目备案

原则上,美容医疗机构须按照《医疗美容项目分级管理目录》的分级管理要求,结合医疗机构的级别、类别、诊疗科目、人员配备和场地、设备设施等实际情况,确定本医疗机构可申请备案的医疗美容项目,进而按照核准登记的诊疗科目,以及医疗美容服务分级原则和分级项目进行备案。备案后,美容医疗机构必须在核准登记的诊疗科目范围内提供诊疗服务,未经批准不得擅自扩大诊疗范围,亦不得开展未经备案的医疗美容项目。

(1) 超出诊疗科目。根据《医疗机构管理条例》第二十六条、第四十七条的规定,诊疗活动超出登记或者备案范围的,由县级以上人民政府卫生行政部门予以警告、责令其改正,没收违法所得,并可以根据情节处以1万元以上10万元以下的罚款;情节严重的,吊销其《医疗机构执业许可证》或者责令其停止执业活动。

(2) 超出医疗美容项目。美容医疗机构从事未经备案的医疗美容项目的,其违规后果比照"超出诊疗科目"进行处理。

(3) 超出美容医疗机构的级别。美容医疗机构超出相应级别提供医疗美容项目的,视为超范围执业,其违规后果比照"超出诊疗科目"进行处理。

二、手术项目分级备案

不同级别的医疗美容外科项目对医疗机构资质的要求不同,美容医疗机构开展不同级别的医疗美容手术项目需要满足怎样的要求?

(一) 手术分级制度

2009年12月11日卫生部办公厅印发《医疗美容项目分级管理目录》(以下

简称"原规定"），2022年12月6日国家卫健委印发《医疗机构手术分级管理办法》（以下简称"新办法"），因为新办法实施时原规定尚未废止，所以美容医疗机构需同时遵守新办法、原规定对手术分级的规定。以上两份部门规范性文件将手术分为四级，具体标准如表2-1所示。

表2-1 新旧法关于手术分级制度标准对比

手术级别	《医疗美容项目分级管理目录》（2009年12月11日）	《医疗机构手术分级管理办法》（2022年12月6日）
一级	操作过程不复杂、技术难度和风险不大的美容外科项目	风险较低、过程简单、技术难度低的手术
二级	操作过程复杂程度一般，有一定技术难度，有一定风险，需使用硬膜外腔阻滞麻醉、静脉全身麻醉等完成的美容外科项目	有一定风险、过程复杂程度一般、有一定技术难度的手术
三级	操作过程较复杂，技术难度和风险较大，因创伤大需术前备血，以及气管插管全麻的美容外科项目	风险较高、过程较复杂、难度较大、资源消耗较多的手术
四级	操作过程复杂，难度高、风险大的美容外科项目	风险高、过程复杂、难度大、资源消耗多或涉及重大伦理风险的手术

在目录制定主体方面，新办法是将手术标准交由医疗机构具体制定，原规定则是由法律明文规定；在目录数量方面，新办法规定由美容医疗机构自行制定，原规定则明确规定了固定的一百余个项目；在分级标准方面，新办法规定较为模糊，原规定规定较为详细。

上述两份部门规范性文件在实际内容上并没有直接的冲突，因此，现行美容医疗机构合规制定手术分级目录的原则应当是，对于原规定已经明确规定的项目，直接沿用，不得自行制定；对于原规定没有明确规定的项目，应当参照2009年的《医疗美容项目分级管理目录》来制定，遵循举轻明重的原则，即同种项目应当制定不低于国家标准的手术级别，不属于列举范围的项目应当参照难度较低的近似项目，确定为不低于该项目标准的级别，并结合麻醉、备血、气管插管等基础标准进行二次核对；同时参照的文件还有《内镜诊疗技术临床应用管理规定（2019）》《介入诊疗技术临床应用管理规范（2019）》《卫生部手术分级目录（2011版）（征求意见稿）》《国家绩效考核四级手术目录》等。此外，医疗机构开展的省级以上限制类医疗技术中涉及手术的，应当按照四级手术进行管理，如同种异体皮肤移植术、颅颌面畸形颅面外科矫治术。美容医疗机构制订完毕后，还应当将三级、四级项目向卫生管理部门报备，并按照实际情况进行定期动态调整。

（二）美容医疗机构开展手术的资质要求

根据医疗美容外科标准可将医美项目划分为不同级别，不同的级别对医疗机构资质的要求也不同，美容医疗机构只能在其等级范围内开展相应项目，具体内容如表 2-2 所示。

表 2-2　美容医疗机构开展医美分级项目资质要求

可开展一级 项目的机构	（1）设有医疗美容科或整形外科的一级综合医院和门诊部
	（2）设有医疗美容科的诊所
可开展一级、 二级项目的机构	（1）设有医疗美容科或整形外科的二级综合医院
	（2）设有麻醉科及医疗美容科或整形外科的门诊部
可开展一级、二级、 三级项目的机构	美容医院
可开展一级、二级、 三级、四级项目的机构	（1）三级整形外科医院
	（2）设有医疗美容科或整形外科的三级综合医院

（三）美容医疗机构越级手术的法律后果

1. 行政责任

（1）美容医疗机构超出备案级别开展医美项目，依据《医疗机构管理条例》第四十六条、《医疗机构管理条例实施细则》第八十条第二款第（一）项的规定，视为超范围执业，累计收入在三千元以上的，将会被吊销《医疗机构执业许可证》。

（2）美容医疗机构越级开展医疗美容项目，属于违反《医疗纠纷预防和处理条例》第十条第一款的规定的"应当制定并实施医疗质量安全管理制度"，可依据《医疗纠纷预防和处理条例》第四十七条第一项（未按规定制定和实施医疗质量安全管理制度）进行处罚：给予警告，并处罚款 1 万—5 万元，情节严重的，可以责令有关医务人员暂停 1 个月以上 6 个月以下的执业活动。

2. 民事责任

（1）美容医疗机构存在超范围经营，并且未告知消费者真实情况的，可能会被认定存在故意隐瞒以及虚假宣传，构成欺诈。消费者有权向美容医疗机构主张退一赔三。

[参考案例] 医疗美容诊所超范围开展手术案

[基本案情] 被告作为医疗美容诊所仅能开展美容外科一级项目，但其超出诊所的执业范围为原告实施了隆乳术（二级项目），并在不具有从事全麻手术资质的情况下，在隆乳术过程中使用全身麻醉。法院认为，被告超范围开展手术的事实，并未告知原告，对原告的消费抉择产生了重大影响，误导原告接受服务，应认定被告提供医疗美容服务的行为构成欺诈。依据《消费者权益保护法》第五十五条的规定，法院支持原告主张的退一赔三的诉讼请求。

（2）若消费者在越级手术过程中受到损害，则推定美容医疗机构存在过错，应当承担过错责任。

根据《中华人民共和国民法典》（以下简称《民法典》）第一千二百二十二条的规定，"患者在诊疗活动中受到损害，有下列情形之一的，推定医疗机构有过错：（一）违反法律、行政法规、规章以及其他有关诊疗规范的规定……"美容医疗机构开展越级手术系违反了部门规章等规定，属于上述（一）中的情形。因此，消费者在越级手术过程中受到损害的，在美容医疗机构无法证明其医疗行为与损害结果之间存在因果关系的情况下，法院将推定美容医疗机构存在过错，美容医疗机构应当承担对患者相应的赔偿责任。

（四）其他资质

如开展放射诊疗工作，须取得并校验有效存续的《放射诊疗许可证》及《辐射安全许可证》。

[参考法律规范]

《放射诊疗管理规定》（卫生部令第46号）第十六条

医疗机构取得《放射诊疗许可证》后，到核发《医疗机构执业许可证》的卫生行政执业登记部门办理相应诊疗科目登记手续。执业登记部门应根据许可情况，将医学影像科核准到二级诊疗科目。

未取得《放射诊疗许可证》或未进行诊疗科目登记的，不得开展放射诊疗工作。

《放射诊疗管理规定》（卫生部令第46号）第十七条第一款

《放射诊疗许可证》与《医疗机构执业许可证》同时校验，申请校验时应当提交本周期有关放射诊疗设备性能与辐射工作场所的检测报告、放射诊疗工作人员健康监护资料和工作开展情况报告……

《放射性污染防治法》第二十八条第一款

生产、销售、使用放射性同位素和射线装置的单位，应当按照国务院有关放射性同位素与射线装置放射防护的规定申请领取许可证，办理登记手续。

美容医疗机构在日常执业过程中，除了上述准入资质之外，根据其实际提供的美容项目的性质或者使用的设备，还可能会涉及更多的其他资质要求。可见，美容医疗机构在运营过程中应严格按规定持证经营，并在核准登记的诊疗科目、医疗美容服务分级原则和分级项目范围内开展医疗美容活动，以避免承担不必要的法律责任。

第三节 人员资质

实践中，美容医疗机构主诊医生或者其他人员缺乏相应资质出现的问题屡见不鲜，如未取得主诊医生资质独立开展医疗美容服务等。而我国的《医疗美容服务管理办法》对医疗美容从业人员的相关资质提出了具体的要求，只有取得相关执业资格证书的人员才能从事医疗美容服务。

一、负责实施医疗美容项目的主诊医师

主诊医师需经执业医师注册机关注册，取得《医师执业证书》如图2－2所示。同时主诊医师还需具备以下条件：

（1）具有从事相关临床学科工作经历。其中，负责实施美容外科项目的应具有6年以上从事美容外科或整形外科等相关专业临床工作经历；负责实施美容牙科项目的应具有5年以上从事美容牙科或口腔科专业临床工作经历；负责实施美容中医科和美容皮肤科项目的应分别具有3年以上从事中医专业和皮肤病专业临床工作经历；

（2）经过医疗美容专业培训或进修并合格，或已从事医疗美容临床工作1年以上。

不符合上述规定的主诊医师条件的执业医师，须在主诊医师的指导下从事医疗美容临床技术服务工作。

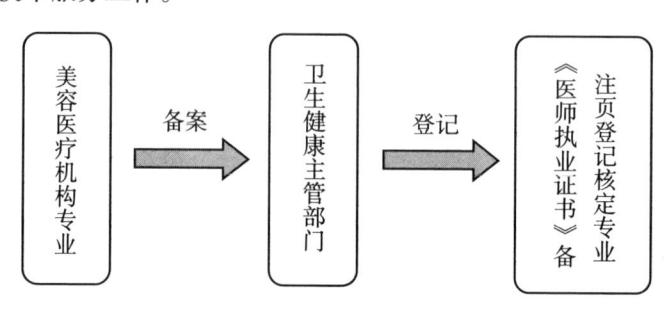

美容医疗机构专业 —备案→ 卫生健康主管部门 —登记→ 注页登记核定专业《医师执业证书》备

图2－2 主诊医师登记备案要求

二、从事医疗美容护理工作的人员

医疗美容护士须经护士注册机关注册，取得《护士执业证书》，并具备以下条件：

（1）具有两年以上护理工作经历；

（2）经过医疗美容护理专业培训或进修并合格，或已从事医疗美容临床护理工作 6 个月以上。

从事美容美发服务的美容师、美发师及其他专业技术人员，应当取得国家有关部门颁发的资格证书，且必须经过卫生部门的健康检查，持健康证明上岗。

三、其他人员资质

美容医疗机构开展的特定医疗美容服务的相关人员还需具备相应的诊疗资质，如从事放射工作的人员须持有《放射工作人员证》。

第四节 药械安全

一、药品合规

（一）药品购入环节的合规管理

根据《医疗机构药品监督管理办法（试行）》第七条第一款的规定，美容医疗机构购进药品时应当查验供货单位的《药品生产许可证》或者《药品经营许可证》和《营业执照》、所销售药品的批准证明文件等相关材料，核实销售人员持有的授权证书原件和身份证原件，不得购进、使用未取得药品批准证明文件非法生产或进口的药品，确保药品来源合法、产品合规，保障药品的质量安全。

（二）药品使用环节的合规管理

美容医疗机构应当按照《药品管理法》的相关规定使用药品，尤其是需按照《麻醉药品和精神药品管理条例》等相关规定使用麻醉药品和医疗用毒性药品。

具言之，就麻醉药品等的使用管理，根据《麻醉药品和精神药品管理条例》第三十六条和第三十七条的规定，美容医疗机构需要使用麻醉药品和第一类精神药品的，应当取得《麻醉药品、第一类精神药品购用印鉴卡》（以下简称"《印鉴卡》"），并凭此卡向本省、自治区、直辖市范围内的定点批发企业购买麻醉药品和第一类精神药品。美容医疗机构取得《印鉴卡》应当具备下列条件：

（1）有专职的麻醉药品和第一类精神药品管理人员；

（2）有获得麻醉药品和第一类精神药品处方资格的执业医师；

（3）有确保麻醉药品和第一类精神药品安全储存的设施和管理制度。

除此之外，美容医疗机构还应当对麻醉药品处方进行专册登记，以加强管理。麻醉药品处方须至少留存 3 年。

（三）药品保管环节的合规管理

（1）药品保管人员。美容医疗机构应当每年对直接接触药品的工作人员进行健康检查，患有传染病或者其他可能污染药品的疾病的，不得从事直接接触药品的工作。

（2）药品保管制度。美容医疗机构应当制订和执行药品保管制度，采取必要的冷藏、防冻、防潮、防虫、防鼠等措施，以保证药品质量。药品入库和出库应当执行检查制度，药品入库时，质量验收员应对到货药品进行逐批验收，验收药品时应检查其有效期，对于验收不合格的药品，应填写药品拒收单，并按规定程序上报；验收合格的，验收员应注明验收结论。药品出库时，仓库管理员要做好记录，做到账实相符，不能出现漏出库、多出库的情况。

（四）药品经营环节的合规管理

（1）美容医疗机构经营药品的资质。在美容医疗机构和相关工作人员本身已取得主体合法资格的前提下，仅向顾客或者患者销售药品的，无须取得《药品经营许可证》，但从事药品对外销售的，需要依据《中华人民共和国药品管理法》（以下简称《药品管理法》）第五十一条的规定，取得《药品经营许可证》。

（2）美容医疗机构销售药品的资质。部分药品属于须经国务院药品监督管理部门批准、具有药品注册证书的药品，如注射用 A 型肉毒毒素等。其中，大陆及港澳台地区的此种药品需要取得《医药产品注册证》，进口药品需要取得《进口药品注册证》。若销售的进口药品没有取得相应的国家批准文件，而美容医疗机构径行对消费者进行有偿注射的，则构成《中华人民共和国刑法》（以下简称《刑法》）第一百四十二条之一规定的妨害药品管理罪。

（3）美容医疗机构发布药品广告的资质。广告主发布医疗美容广告的，需要依法取得《医疗广告审查证明》。广告经营者、广告发布者设计、制作、代理、发布医疗美容广告必须严格按照《医疗广告审查证明》的标准执行。此外，在广告宣传的过程中，关于医疗、药品、医疗器械的广告中不得以"推荐官""体验官"等广告代言人个人的名义或者形象来为医疗美容做推荐证明。在广告宣传的客体中，肉毒毒素及其制剂不得作广告宣传。

（五）美容医疗机构药品管理常见合规风险点

1. 常见违规情形

药品各环节合规要点如图 2-3 所示。美容医疗机构因为药品管理、使用问题而承担法律责任的情况在实践中十分普遍，违规情形主要集中在以下六个方面：

（1）违反《药品管理法》的相关规定，使用国家未批准上市的美容药品。

（2）违反《药品管理法》的相关规定，使用未取得药物生产许可证的假药。

（3）违反《药品管理法》的相关规定，从非正规渠道购进药品，且无法提供购进票据和供货人的资质证明。

（4）违反《执业医师法》（《医师法》生效前）和《药品管理法》的规定，使用美容药品的人员不具备法律规定的相应资质。

药品合规：

- 药品购入环节
  1. 查验《药品生产许可证》或者《药品经营许可证》和《营业执照》、所销售药品的批准证明文件等相关材料。
  2. 核实销售人员持有的授权证书原件和身份证原件。

- 药品使用环节
  按照《药品管理法》的相关规定使用药品，且按照《麻醉药品和精神药品管理条例》的相关规定使用麻醉药品和医疗用毒性药品。

- 药品保管环节
  1. 药品保管人员需每年进行健康检查。
  2. 医美机构应当制定和执行药品保管制度，采取必要的冷藏、防冻、防潮、防虫、防鼠等措施，以保证药品质量。

- 药品经营环节
  1. 从事药品对外销售的，需取得《药品经营许可证》。
  2. 对顾客进行药品销售的，无须取得《药品经营许可证》，但需具有药品注册证书，如《医药产品注册证》或者《进口药品注册证》。
  3. 发布药品广告的，需取得《医疗广告审查证明》，并按照《广告法》的相关规定发布广告。

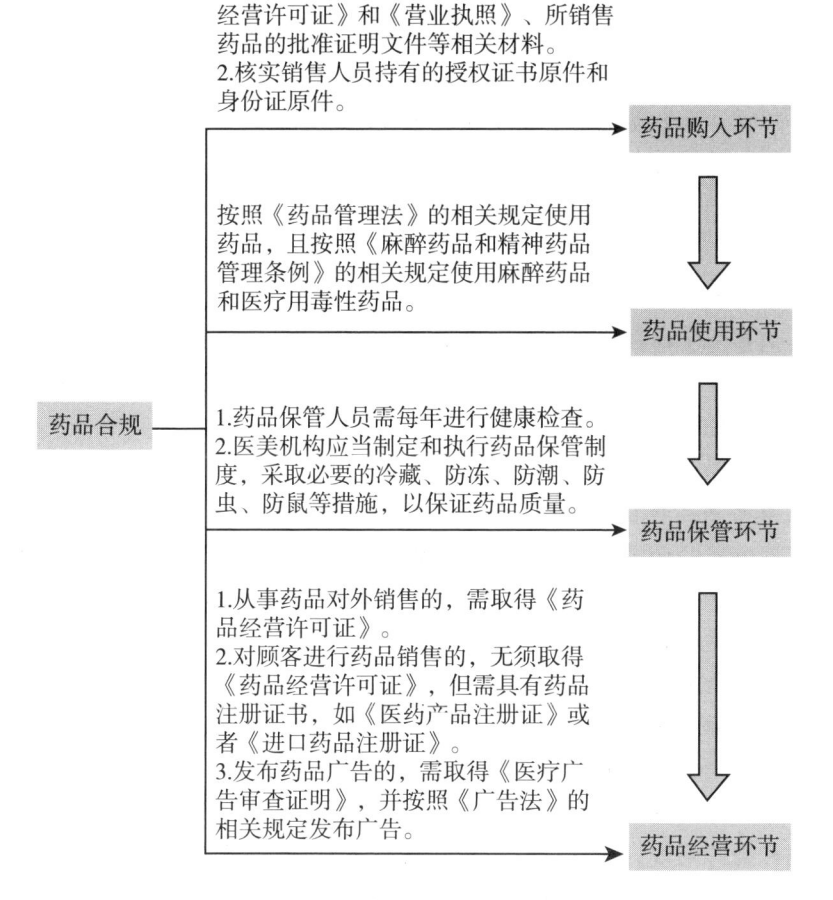

图 2-3 药品各环节合规要点

（5）违反《药品流通监督管理办法》的相关规定，未执行进货查验制度，导致药品来源无法查明。

（6）违反《药品经营质量管理规范》的相关规定，没有严格按照规定进行美容药品的储存保管，造成药品变质而致人损害。

（7）违反《处方管理办法》的相关规定，违规开具、使用精神药品和麻醉药品。

2. 法律责任

（1）行政责任。

药品受国家严格管理，违反药事管理规定的行政处罚类型，主要包括行政罚款、行政拘留、没收违法所得及制假原料和设备、停止执业、禁止行业准入等。

法律规范与案例展示：

[法律规范]

①《药品管理法》第一百一十八条

生产、销售假药，或者生产、销售劣药且情节严重的，对法定代表人、主要负责人、直接负责的主管人员和其他责任人员，没收违法行为发生期间自本单位所获收入，并处所获收入百分之三十以上三倍以下的罚款，终身禁止从事药品生产经营活动，并可以由公安机关处五日以上十五日以下的拘留。

对生产者专门用于生产假药、劣药的原料、辅料、包装材料、生产设备予以没收。

②《麻醉药品和精神药品管理条例》第七十一条

本条例第三十四条、第三十五条规定的单位违反本条例的规定，购买麻醉药品和精神药品的，由药品监督管理部门没收违法购买的麻醉药品和精神药品，责令限期改正，给予警告；逾期不改正的，责令停产或者停止相关活动，并处2万元以上5万元以下的罚款。

③《麻醉药品和精神药品管理条例》第七十三条

具有麻醉药品和第一类精神药品处方资格的执业医师，违反本条例的规定开具麻醉药品和第一类精神药品处方，或者未按照临床应用指导原则的要求使用麻醉药品和第一类精神药品的，由其所在医疗机构取消其麻醉药品和第一类精神药品处方资格；造成严重后果的，由原发证部门吊销其执业证书。执业医师未按照临床应用指导原则的要求使用第二类精神药品或者未使用专用处方开具第二类精神药品，造成严重后果的，由原发证部门吊销其执业证书。

未取得麻醉药品和第一类精神药品处方资格的执业医师擅自开具麻醉药品和第一类精神药品处方，由县级以上人民政府卫生主管部门给予警告，暂停其执业活动；造成严重后果的，吊销其执业证书；构成犯罪的，依法追究刑事责任。

处方的调配人、核对人违反本条例的规定未对麻醉药品和第一类精神药品处方进行核对,造成严重后果的,由原发证部门吊销其执业证书。

④《处方管理办法》第五十六条

医师和药师出现下列情形之一的,由县级以上卫生行政部门按照《麻醉药品和精神药品管理条例》第七十三条的规定予以处罚:

(一)未取得麻醉药品和第一类精神药品处方资格的医师擅自开具麻醉药品和第一类精神药品处方的;

(二)具有麻醉药品和第一类精神药品处方医师未按照规定开具麻醉药品和第一类精神药品处方,或者未按照卫生部制定的麻醉药品和精神药品临床应用指导原则使用麻醉药品和第一类精神药品的;

(三)药师未按照规定调剂麻醉药品、精神药品处方的。

[参考案例] 某医疗美容中心违法经营案

[基本案情] 德州市德城区卫生和计划生育局查明,德州市德城区某医疗美容中心在未取得《医疗机构执业许可证》的情况下,擅自开展医疗美容活动一年多,且开展医疗美容活动的杜某燕、杜某霞均无《医师执业证书》,在现场发现的注射用药品经德州市食品药品监督管理局认定为假药。上述行为违反了《医疗机构管理条例》第二十四条的规定,故某医疗美容中心被处以9000元罚款及没收医疗器械若干件。

(2)民事责任。

法律规定因药品造成他人损害的,应当承担侵权责任,并明确了责任承担主体,列明了责任承担形式;需要特别注意的是,由于药品关系到人的生命健康权益,除了弥补损失的损害赔偿外,法律还特别规定了惩罚性赔偿。

[法律规范]

①《民法典》第一千二百二十三条

因药品、消毒产品、医疗器械的缺陷,或者输入不合格的血液造成患者损害的,患者可以向药品上市许可持有人、生产者、血液提供机构请求赔偿,也可以向医疗机构请求赔偿。患者向医疗机构请求赔偿的,医疗机构赔偿后,有权向负有责任的药品上市许可持有人、生产者、血液提供机构追偿。

②《药品管理法》第一百四十四条

药品上市许可持有人、药品生产企业、药品经营企业或者医疗机构违反本法规定,给用药者造成损害的,依法承担赔偿责任。

因药品质量问题受到损害的,受害人可以向药品上市许可持有人、药品生产企业请求赔偿损失,也可以向药品经营企业、医疗机构请求赔偿损失。接到受害人赔偿请求的,应当实行首负责任制,先行赔付;先行赔付后,可以依法追偿。

生产假药、劣药或者明知是假药、劣药仍然销售、使用的,受害人或者其近亲属除请求赔偿损失外,还可以请求支付价款十倍或者损失三倍的赔偿金;增加赔偿的金额不足一千元的，为一千元。

③《消费者权益保护法》第五十五条

经营者提供商品或者服务有欺诈行为的，应当按照消费者的要求增加赔偿其受到的损失，增加赔偿的金额为消费者购买商品的价款或者接受服务的费用的三倍；增加赔偿的金额不足五百元的，为五百元。法律另有规定的，依照其规定。

经营者明知商品或者服务存在缺陷，仍然向消费者提供，造成消费者或者其他受害人死亡或者健康严重损害的，受害人有权要求经营者依照本法第四十九条、第五十一条等法律规定赔偿损失，并有权要求所受损失二倍以下的惩罚性赔偿。

④《产品质量法》第四十四条

因产品存在缺陷造成受害人人身伤害的，侵害人应当赔偿医疗费、治疗期间的护理费、因误工减少的收入等费用；造成残疾的，还应当支付残疾者生活自助具费、生活补助费、残疾赔偿金以及由其扶养的人所必需的生活费等费用；造成受害人死亡的，并应当支付丧葬费、死亡赔偿金以及由死者生前扶养的人所必需的生活费等费用。

因产品存在缺陷造成受害人财产损失的，侵害人应当恢复原状或者折价赔偿。受害人因此遭受其他重大损失的，侵害人应当赔偿损失。

[参考案例] 上海某医疗美容门诊部使用假药案

[基本案情] 姚女士向上海某医疗美容门诊部有限公司支付195 600元用于购买美容服务，付款后，姚女士曾至该机构接受面部注射肉毒素服务，主要为脸部苹果肌、咬肌部位注射。因注射后一直存在脸部僵硬、美容效果不佳等问题，故姚女士要求退还未使用款项并进行赔偿。经法院查明，2017年年底，该机构已因销售假药被上海市公安局徐汇分局立案调查，姚女士面部注射的肉毒素不符合国家标准，系假肉毒素。法院审理确认，该医疗美容门诊部的行为构成欺诈，在提供服务过程中使用假药，构成瑕疵履行，故支持了姚女士要求全额返还价款并按照商品价款的三倍进行赔偿的诉讼请求。

（3）刑事责任。

使用的药品存在问题以及使用药品的人员不具备法律规定的资质，都有可能严重危害求医者的生命健康，具有社会危害性，因此国家将生产、销售假药、非法行医和妨害药品管理的行为都纳入了刑事处罚的范畴。

[法律规范]

①《刑法》第一百四十一条　【生产、销售、提供假药罪】

生产、销售假药的，处三年以下有期徒刑或者拘役，并处罚金；对人体健康造成严重危害或者有其他严重情节的，处三年以上十年以下有期徒刑，并处罚金；致人死亡或者有其他特别严重情节的，处十年以上有期徒刑、无期徒刑或者死刑，并处罚金或者没收财产。

药品使用单位的人员明知是假药而提供给他人使用的，依照前款的规定处罚。

②《刑法》第一百四十二条　【生产、销售、提供劣药罪】

生产、销售劣药，对人体健康造成严重危害的，处三年以上十年以下有期徒刑，并处罚金；后果特别严重的，处十年以上有期徒刑或者无期徒刑，并处罚金或者没收财产。

药品使用单位的人员明知是劣药而提供给他人使用的，依照前款的规定处罚。

③《刑法》第三百三十六条　【非法行医罪】

未取得医生执业资格的人非法行医，情节严重的，处三年以下有期徒刑、拘役或者管制，并处或者单处罚金；严重损害就诊人身体健康的，处三年以上十年以下有期徒刑，并处罚金；造成就诊人死亡的，处十年以上有期徒刑，并处罚金。

[**参考案例**] 上海某医疗美容门诊部非法销售使用假药构成犯罪案

[**基本案情**] 2014 年 3 月至案发，上海某医疗美容门诊部有限公司在开展美容整形项目过程中，使用了未取得国家《进口药品注册证》和《医药产品注册证》的美容药品。门诊部院长蒋某 1 及其他医生在与客户确定用药后，由护士长胡某某通知仓库保管员蒋某 2 将所需药品从仓库送至门诊部，分别由蒋某 1 等医生及护士给客户进行微整形治疗等，非法销售使用匕卜胎盘抽出物制剂、安命活源注射剂等 28 种药品，销售额达人民币 230 万余元。区市场监督管理局认定，查扣的安命活源注射液、匕卜胎盘抽出物制剂等 28 种药品属于《中华人民共和国药品管理法》《中华人民共和国药品管理法实施条例》规定的按假药论处的假药。其后，医疗美容门诊部及相关责任人被判处销售假药罪。

二、器械合规

2022 年 3 月 28 日，国家药监局发布实施《关于调整〈医疗器械分类目录〉部分内容的公告（2022 年第 30 号）》（以下简称"《公告》"），该《公告》对部分医美产品监管类别进行了调整（如表 2-3 所示），其中明确规定将射频治疗仪、射频皮肤治疗仪类产品按照第三类医疗器械进行管理，自 2024 年 4 月 1 日起，射频治疗仪、射频皮肤治疗仪类产品未依法取得医疗器械注册证不得生产、进口和销售。为满足公众需求和保障行业稳定发展，关于射频类美容仪的新规从发布到落地经历了 2 年过渡期。

表 2-3 《医疗器械分类目录》部分内容调整表（针对部分医美产品监管类别）

序号	《医疗器械分类目录》内容						调整后的《医疗器械分类目录》内容					
	子目录	一级产品类别	二级产品类别	产品描述	预期用途	品名举例	管理类别	子目录	一级产品类别	二级产品类别	产品描述	预期用途	品名举例	管理类别
6	09 物理治疗器械	07 高频治疗设备	02 射频浅表治疗设备	通常由射频发生器，温度测量装置，治疗电极，电缆，中性电极（若有）等组成。利用治疗电极向患者传输射频能量（一般以电流的形式），从而达到浅表局部加热的目的，且不会引起组织热频的反应		高频电场皮肤热治疗仪	Ⅱ	09 物理治疗器械	07 高频治疗（非消融）设备	02 射频治疗	通常由射频发生器，温度测量装置，治疗电极，电缆，中性电极（若有）等组成。通过治疗电极将射频能量（一般以电流的形式）作用于人体皮肤及皮下组织，使人体组织，细胞发生病理/生理学改变	用于治疗皮肤松弛，减少皮肤皱纹，紧致，提升皮肤组织，或者治疗痤疮，瘢痕，收缩毛孔，减少脂肪（脂肪软化或分解）等	射频治疗仪，射频皮肤治疗仪	Ⅲ

序号	《医疗器械分类目录》内容							调整后的《医疗器械分类目录》内容						
	子目录	一级产品类别	二级产品类别	产品描述	预期用途	品名举例	管理类别	子目录	一级产品类别	二级产品类别	产品描述	预期用途	品名举例	管理类别
8	13无源植入器械	09整形及普通外科植入物	02整形用注射填充物	通常由注射器以及预装在注射器中的填充材料组成并增加组织容积	用于注射到真皮层和/或皮下组织，以填充组织	注射用交联透明质酸钠凝胶，注射用透明质酸钠凝胶，胶原蛋白凝胶，注射用聚左旋乳酸填充剂，注射用III型人源重组胶原蛋白冻干纤维	III	13无源植入器械	09整形及普通外科植入物	02整形用注射填充材料	通常由注射器以及预装在注射器或灌装瓶中的材料（一般以透明质酸钠为主要成分）组成。产品不应含有发挥药理学、免疫学或者代谢作用的成分	用于注射到真皮层，主要通过所含透明质酸钠等材料的保湿、补水等改善皮肤状态	透明质酸钠溶液	III
9	13无源植入器械	无	无	无	无	无	无	13无源植入器械	09整形及普通外科植入物	11整形用植入线材	通常由不可吸收或可吸收合物组成，可带针或不带针	用于植入面部组织，以提升松弛的组织，改善皱纹	面部埋植线，面部提拉线，锥体提拉线	III

根据国家药监局器械监管司发布的《关于引发医疗美容相关医疗器械生产、经营、使用环节常见违法违规行为与检查要点的函》（药监械管函〔2022〕320号）、国家食品药品监督管理总局发布的《医疗器械使用质量监督管理办法》，美容医疗机构的器械合规管理主要包括四个环节：采购、使用、保存和经营。如图2-4所示。

采购环节	使用环节	保存环节	经营环节
1. 采购主体 2. 采购渠道 3. 进货查验 4. 建立档案	按照医疗器械产品说明书使用医疗器械	定期检查、检验、校准、保养、维护	1. 从事Ⅱ类医疗器械经营 2. 从事Ⅲ类医疗器械经营 3. 从事医疗器械网络销售

图2-4 器械合规管理环节

（一）器械的合规采购

（1）采购主体。医疗器械使用单位应该指定专门的部门或者人员统一采购医疗器械。

（2）采购渠道。医疗器械使用单位应当从具有资质的医疗器械生产经营企业购进医疗器械，采购时应当索要、查验供货者资质以及医疗器械注册证或者备案凭证等证明文件。对于购进的医疗器械应当验明其产品合格证明文件（对第一类医疗器械实行产品备案管理，第二类、第三类医疗器械实行产品注册管理），对有特殊储运要求的医疗器械，还应当核实储运条件是否符合产品说明书和标签标示的要求。

（3）进货查验。采购的医疗器械应当符合强制性标准或者符合经注册或者备案的产品技术要求，采购者不得采购无合格证明文件、过期、失效、淘汰的医疗器械。医疗器械使用单位履行了进货查验等义务，有充分证据证明其不知道所使用的为上述情形的医疗器械，并能如实说明进货来源的，可以免予处罚，但应当依法没收不符合法定要求的医疗器械。

（4）建立档案。采购者应制订计划，并有质量管理机构人员参加，应签订书面采购合同，明确质量条款。采购合同如果不是以书面形式确立的，则购销双方应提前签订注明各自质量责任的质量保证协议书，并明确协议书的有效期。医疗设备的购进应当有检测、维修和保养条款。购进的医疗器械必须有产品注册号，产品包装和标志应符合有关规定。工商、购销合同及进口医疗器械合同中应注明质量条款及标准。质量管理员应做好首营企业和首营品种的审核工作，审核时应查验加盖供方公章的证件、材料，并建立档案。购进医疗器械产品应开具合法票据，并按规定建立购进记录，做到票、账、货相符。票据和记录应按规定妥善保管。

如果美容医疗机构通过违法渠道以低价购入冒牌的医疗器械进行出售，将会被推定为主观"明知"而获罪，使用后造成消费者健康受到损害的，消费者可以产品存在质量缺陷向生产者请求赔偿，也可以侵权责任向美容医疗机构请求赔偿。

[参考案例] 陈某某销售假冒注册商标商品案

[基本案情] 在陈某某销售假冒注册商标商品案中，"THERMAGE"等商标（俗称热玛吉）系经我国商标局核准注册用于"面部及皮肤医疗和美容治疗用激光器"等商品上的商标。陈某某明知从苏某某（没有合格证明文件）处购买的产品系假冒上述注册商标的产品，仍雇佣他人，将假冒注册商标的仪器、探头等商品，通过微信等渠道对外销售。经审计，陈某某销售冒牌热玛吉商品金额共计350余万元。法院认为查获的部分假冒仪器在外观上虽无相关商标，但开机画面显示的标识为"thermega"，与注册商标相比，仅将字母a和e调换位置，与注册商标在视觉上基本无差别，足以对公众产生误导，可以认定为"与其注册商标相同的商标"，应纳入侵权商品范围。因此，上海市第三中级人民法院以销售假冒注册商标商品罪判处陈某某有期徒刑三年十个月，并处罚金100万元。

（二）器械的合规使用

医疗器械使用单位不仅应当有与用医疗器械品种、数量相适应的贮存场所和条件，还应当加强对工作人员的技术培训，严格按照产品说明书、技术操作规范等要求使用医疗器械。发现未按照医疗器械产品说明书使用医疗器械的，要及时将相关人员移送同级卫生健康主管部门。

如果美容医疗机构未按照医疗器械产品说明书使用医疗器械，造成患者或者消费者损害的，那么美容医疗机构的行为就属于医疗事故，应对患者或者消费者承担损害赔偿责任。

（三）器械的合规保存

医疗器械使用单位对需要定期检查、检验、校准、保养、维护的医疗器械，应当按照产品说明书的要求进行检查、检验、校准、保养、维护并予以记录，以及及时进行分析、评估，确保医疗器械处于良好的状态，以保障使用质量；对使用期限长的大型医疗器械，应当逐台建立使用档案，记录其使用、维护、转让、实际使用时间等事项。记录保存期限不得少于医疗器械规定使用期限终止后5年。

储存医疗器械的场所、设施及条件应符合国家有关规定以及药品和医疗器械使用说明书的要求。对于温度、湿度有特殊要求的医疗器械，必须按照其说明书的要求进行储存。

（四）器械的合规经营

（1）从事Ⅱ类器械经营的，由经营企业向所在地设区的市级人民政府负责药品监督管理的部门备案并提交符合法律规定的条件的有关资料，包括：

①与经营规模和经营范围相适应的经营场所；

②与经营规模和经营范围相适应的贮存条件；

③与经营的医疗器械相适应的质量管理制度；

④与经营的医疗器械相适应的质量管理机构或者人员。

按照国务院药品监督管理部门的规定，对于产品安全性、有效性不受流通过程影响的第二类医疗器械，可以免予经营备案。

（2）从事Ⅲ类医疗器械经营的，经营企业应当向所在地设区的市级人民政府负责药品监督管理的部门申请经营许可并提交符合法律规定的条件的有关资料。

需要注意的是，从事第三类医疗器械经营的企业还应当具有符合医疗器械经营质量管理要求的计算机信息管理系统，以保证经营的产品的可追溯性。

（3）从事医疗器械网络销售的，应当是医疗器械注册人、备案人或者医疗器械经营企业。医疗器械网络销售的经营者，应当将从事医疗器械网络销售的相关信息告知其所在地设区的市级人民政府负责药品监督管理的部门，经营第一类医疗器械和免予经营备案的Ⅱ类医疗器械的除外。

实践中，如果美容医疗机构在没有取得医疗器械经营许可证的情况下，以销售为目的，向消费者销售水光针、玻尿酸等Ⅲ类医疗器械，一般会认定为构成非法经营罪。从消费者权益保障层面来看，美容医疗机构在缺乏相关器械许可证的情况下向消费者销售水光针、玻尿酸等医疗器械，侵犯了消费者的知情权，应认定具有欺诈的故意，消费者可以向美容医疗机构主张退一赔三，美容医疗机构同时还应当接受没收违法所得、罚款等行政处罚。

[参考案例] 阮某勇等人涉非法经营罪一案

[基本案情] 2020年3月起，阮某勇、黄某颖在未依法取得相关许可的情况下，共同非法经营"玻尿酸""水光针"等医疗器械。阮某勇负责租赁仓库、进货，并根据销售额向黄某颖发放提成。2020年6月，阮某勇雇佣被告人柏某管理

仓库及收发货，并向柏某支付工资。截至案发，阮某勇、黄某颖、柏某非法经营金额共计540余万元。法院认为，阮某勇、黄某颖、柏某未经国家主管部门批准，非法从事经营活动，情节严重，其等人的行为均已构成非法经营罪。

第五节　病历档案

在医疗美容纠纷诉讼中，病历资料对医患双方诉讼权益的影响极大，是双方的主要争议事项，病历资料存在问题是美容医疗机构被"推定过错"最常见的认定因素，由此可见，作为最重要和关键的证据，病历资料问题也是所有美容医疗机构的自我保护后盾。

根据《最高人民法院关于审理医疗损害责任纠纷案件适用法律若干问题的解释》第六条的规定，医疗美容病历资料主要包括医疗机构保管的门诊病历、住院志、体温单、医嘱单、检验报告、医学影像检查资料、特殊检查（治疗）同意书、手术同意书、手术及麻醉记录、病理资料、护理记录、医疗费用、出院记录以及国务院卫生行政主管部门规定的其他病历资料。

现以某医疗美容诊所与田某医疗损害责任纠纷案［案号：（2021）京02民终7031号］为例，对病历材料不规范导致的常见法律风险进行系统性的分析。

一、案情简介

田某于2017年1月15日在某医疗美容诊所（以下简称"美容院"）接受了"双眼皮修复、外眦修复"手术。美容院对田某做完相关检查后进行了手术，手术结束后，田某于2017年2月3日因"术后左眼视力下降，眼睑肿胀"就诊于北京某医院，经诊断为"左眼结膜炎，左眼角溃疡，双下眼睑外翻"。田某认为美容院存在过错，要求其赔偿，后诉至法院并提出医疗损害责任鉴定。法院经鉴定认为，美容院的病历书写不规范、术前检查不完善、知情同意书告知不充分、忽视术后指导。因此认定美容院在对田某提供医疗服务过程中存在医疗过错，应赔偿田某医疗费、营养费、护理费等费用共计699 210.54元。

二、法律风险分析

（一）病历书写不规范

本案中，田某在美容院就诊多次，但是美容院仅书写了2017年1月15日的病历，且病历及手术记录均无医师签字，法院因此认定美容院存在过错。根据

《病历书写基本规范》的规定，医方无论为患者进行手术，还是仅为患者就诊，包括初诊和复诊，均应书写病历。在实践中，美容医疗机构仅重视病历材料中住院病历的情况屡见不鲜，而大多数医疗美容项目无须患者住院，因此门诊病历材料是否规范成为美容医疗机构承担法律责任的重要风险点，美容医疗机构要建立规范、全面、细致的病历资料记录与保存制度，从而有效规避此类法律风险。

此外，美容医疗机构还应当特别注意医师签字问题。医疗美容行业采取主诊医生负责制，门诊病历、手术记录、入院记录等病历材料均应有主诊医师的签名。接诊医师与手术医师应为同一人，执业助理医师和未取得医疗美容主诊医师资格的执业医师均不能独立进行医疗美容手术，更无法代替主诊医师签字。

（二）术前检查病历不完善

本案中，美容院在术前未对患者进行血糖检测，对手术禁忌症评估不足，法院因此认定美容院存在过错。术前检查的目的主要在于两个方面：一方面根据个人要求及基础情况出具个体化治疗方案，以最大限度保证治疗安全及效果；另一方面是帮助美容医疗机构筛选排除一些禁忌症。因此，美容医疗机构在手术之前应该对患者进行必要的体格检查及辅助检查，询问并记录消费者的既往病史、个人史、生育史、月经史（针对女性消费者）等，力求全面。

（三）历史记载内容不全

本案中，美容院在手术同意书中仅载明了手术名称和风险，并未将手术设计及方案告知患者，上述美容院的行为应认定为告知不充分，法院因此认为美容院存在过错。根据《医疗机构管理条例》《医疗美容服务管理办法》等相关法律的规定，医师在临床诊疗过程中，应就医方拟为患者实施的手术方案应向患者详细说明，争取能与患者的预期效果达成一致。对消费者进行特殊检查、手术治疗、特殊治疗时，需保证消费者的知情同意权，充分履行告知义务。

美容医疗机构应当重视医疗美容知情同意书的制作、签署与保存。医疗美容知情同意书主要包括特殊检查（治疗）同意书、手术同意书、麻醉同意书。美容医疗机构可以根据各个项目对应的适应症、禁忌症、医疗风险和注意事项，制作不同项目版本的知情同意书。如关于眼部美容的手术，美容医疗机构需在知情同意书中重点强调术后可能产生眼部疾病，眼睑不对称、不自然等法律风险，对于风险告知部分的内容应该采取字体加黑、加粗、加下划线等方式重点提示，并保证每页均有消费者或近亲属本人的签字，从而保证充分履行告知义务以规避风险。

（四）术后病历材料缺失

本案中，法院认为既未见美容院术后拍摄多角度照片来评估治疗效果，也未见患者后续就诊的病历,无法评价美容院术后指导的合理性,因此认定美容院存在过错。在实践中,某些美容医疗机构不重视术后指导、术后回访,导致医疗事故发生的现象屡见不鲜。鉴于医疗美容效果具有主观性且大多手术需要一定恢复期,美容医疗机构在手术后应做好术后指导工作,叮嘱患者定期复诊,防范术后风险的发生。其中,术后产生的复诊病历、效果照片、手术护理记录单、医嘱单等材料是医疗美容纠纷案件中重要的鉴定材料,应当妥善制作与保存。

三、"门诊病历记录"(以美容外科为例)书写相关规范

病历文书的书写可分为门诊病历和急诊病历,美容医疗机构使用最多的是门诊病历。因此,笔者聚焦门诊病历当中的"门诊病历记录"(以美容外科为例)书写规范,结合法律规定及相关医疗机构的资料,作出部分提示,如表 2-5 所示,以供参考。

表 2-5 美容外科门诊病历书写规范要求

门诊病历首页及封面	1. 门诊手册封面:患者姓名、性别、年龄、工作单位或住址、药物过敏史等项目。 2. 门诊病历首页:《病历书写基本规范》对门诊病历首页的内容作出了明确规定,至少应当包括就医者的姓名、性别、出生日期(注意精确到"日")、民族、婚姻状况、职业、工作单位、住址、药物过敏史等项目信息。相较于封面所载就医者信息,首页内容更加完善
初诊病历记录	初诊病历记录:就诊时间、科别、主诉、现病史、既往史,阳性体征、必要的阴性体征和辅助检查结果,诊断及治疗意见和医师签名。 1. 主诉:就诊意愿相关描述,促使患者就诊的主要症状及持续时间。最好不超过20字,例如"单睑25年,现患者要求行重睑术"。 2. 现病史:患者本次就诊的主要目的,以及对本次手术或诊疗希望达到的效果进行描述;主要症状特点及其发展变化情况、伴随症状、发病后诊疗经过及结果、睡眠和饮食等一般情况的变化,以及与鉴别诊断有关的阳性或阴性资料等。 3. 既往史:既往一般健康状况疾病史、传染病史、预防接种史、手术外伤史、输血史、药物或食物过敏史等;对于长期使用的药物和可能成瘾的药物等建议注明药名和使用情况。 注意:根据《临床技术操作规范美容医学分册》的说明,美容外科手术有部分较为常见的禁忌症,如心理疾病、凝血机制异常等,因此要对患者相关整形治疗手术史、是否为疤痕体质、是否具有抑郁症等心理疾病的相关事宜进行充分沟通及记录。

续表

	4. 个人史：是否具有吸烟、饮酒嗜好，或是否服用药物、保健品等可能对本次诊疗产生影响的情形。 5. 月经史、婚育史。 6. 家族史：父母、兄弟姐妹的健康状况，有无与患者类似的症状，有无家族遗传倾向的疾病。 7. 体格检查：体温、脉搏、呼吸、血压，皮肤、黏膜，全身浅表淋巴结，头部及其器官，颈部，胸部（胸廓、肺部、心脏、血管），腹部（肝、脾等）。 注意：对于所开展的专科检查情况应详细书写，机构可根据实际开展的美容外科项目制定相应的专科检查项目。 8. 辅助检查：与此次诊疗活动相关的检验报告、医学影像检查资料等主要检查事项。 注意：检查结果是否异常且标明检查日期，如系在其他医疗机构做的检查，则应当写明该机构的名称及检查号。 9. 初步诊断。 注意：按专业医学名称进行书写。初步诊断为多项时，应当主次分明。 10. 治疗方案：患者所开展的术式名称、麻醉方式、联合治疗方案等。 注意：联合治疗方案应以相关文献资料为依据。例如，为改善下面部轮廓，机构对患者进行光纤溶脂与肉毒注射，当出现诉讼纠纷时，对方案过错与否进行判断，将会以专家共识、指南等文献资料为准
复诊病历记录	1. 复诊病历记录书写内容：就诊时间、科别、主诉、病史、必要的体格检查和辅助检查结果、诊断、治疗处理意见和医师签名等。 2. 注意：对于初次诊治后的病情变化和治疗反应，例如切口情况、恢复及变化情况，本次复诊需补充的实验室检查、器械检查，以及患者满意度等内容，建议重点记录

四、告知义务

作为医疗机构，美容医疗机构在诊疗活动中对患者负有告知义务，并且应当保障患者的知情权。然而，在实践中，美容医疗机构对患者不告知或者不充分告知诊疗活动的方案、措施、风险等违法现象却屡见不鲜。

（一）履行告知义务的主体及内容

医疗告知义务来源于患者的知情同意权，其是指在医疗活动中，医疗机构及其医务人员为取得患者对医疗行为的同意，而对该医疗行为的有关事项进行说明的义务，履行告知义务的内容如图2-5所示。

履行告知义务的主体 医疗机构

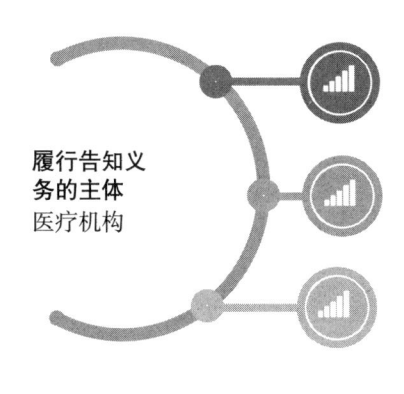

患者病情
包括疾病名称、诊断依据、严重程度及病程发展等

治疗方案
包括可供选择的医疗方案、诊断措施等

药品/仪器信息
包括采用治疗仪器和药品可能产生的疗效和副作用、药品和仪器治疗的治疗费用等问题

图 2-5 履行告知义务的内容

此外，在开展医疗美容服务时，美容医疗机构及其工作人员还需要书面告知患者治疗的适应症、禁忌症、医疗风险和注意事项等。

[法律规范]

①《民法典》第一千二百一十九条

医务人员在诊疗活动中应当向患者说明病情和医疗措施。需要实施手术、特殊检查、特殊治疗的，医务人员应当及时向患者具体说明医疗风险、替代医疗方案等情况，并取得其明确同意；不能或者不宜向患者说明的，应当向患者的近亲属说明，并取得其明确同意。

医务人员未尽到前款义务，造成患者损害的，医疗机构应当承担赔偿责任。

②《医疗纠纷预防和处理条例》第十三条第一款

医务人员在诊疗活动中应当向患者说明病情和医疗措施。需要实施手术，或者开展临床试验等存在一定危险性、可能产生不良后果的特殊检查、特殊治疗的，医务人员应当及时向患者说明医疗风险、替代医疗方案等情况，并取得其书面同意；在患者处于昏迷等无法自主作出决定的状态或者病情不宜向患者说明等情形下，应当向患者的近亲属说明，并取得其书面同意。

③《医疗美容服务管理办法》第十九条

执业医师对就医者实施治疗前，必须向就医者本人或亲属书面告知治疗的适应症、禁忌症、医疗风险和注意事项等，并取得就医者本人或监护人的签字同意。未经监护人同意，不得为无行为能力或者限制行为能力人实施医疗美容项目。

在医疗美容领域中，除了上述列举的医疗告知义务的内容，医疗美容资质也是影响消费者选择服务的重要因素，美容医疗机构在提供医美服务前应当将其所涉情形向消费者如实告知。

（二）履行告知义务的范围及对象

根据《民法典》第一千二百一十九条的规定，医疗告知义务的范围主要分为一般告知义务与特殊告知义务。其中，特殊病情告知对象主要为需要实施手术、特殊检查、特殊治疗的患者，具体情况如下：

（1）一般告知。医务人员在一般诊疗活动中应当向患者说明病情和医疗措施。如对于一般药物治疗、常规临床检验、护理等，可以口头告知，但在会诊记录、病程记录中应如实记录。

（2）特殊告知。患者需要实施手术、特殊检查、特殊治疗等情况等的，医务人员应当及时向患者具体说明医疗风险、替代医疗方案等情况，并取得其书面同意。

（3）告知对象。医务人员应当向患者告知，不能或者不宜向患者说明的，应当向患者的近亲属说明，并取得其书面同意。

（4）告知义务的例外。根据《民法典》第一千二百二十条的规定，因抢救生命垂危的患者等紧急情况，不能取得患者或者其近亲属意见的，经医疗机构负责人或者授权的负责人批准，可以立即实施相应的医疗措施。

（三）美容医疗机构应如何充分履行告知义务

（1）及时告知。在患者接受诊疗之前，美容医疗机构应提前告知患者病情和可能采取的治疗手段、治疗方案以及相应的风险和后果。

（2）详细告知。患者在接受诊疗时，可能对医学术语例如"干细胞""自体脂肪SVF"等无法准确理解，所以美容医疗机构应该尽量以通俗易懂的语言，进行针对性告知，尽最大可能保证患者能够理解诊疗措施，以确保患者能够对诊疗行为作出正确合理的判断。在此基础上，美容医疗机构还应告知患者详细的治疗方案、手术方案、替代性治疗方案以及相应的风险和后果，以供患者自主选择。

（3）告知同意。美容医疗机构在告知患者相关医疗措施风险和后果后，应当取得患者的同意，并以书面形式记录并保存，以免后续出现纠纷时举证困难。

特别提请注意的是，知情同意并非免责声明。例如，手术风险知情同意书并非美容医疗机构的"免责声明"，若美容医疗机构在对患者诊疗过程中存在过错，造成患者受到损害，仍应就此承担赔偿责任。

[参考案例] 某医疗美容医院手术操作不当案

[基本案情] 小叶因腰腹部脂肪堆积明显，为求美观，其前往××医疗美容医院就诊。经医生诊断，小叶为"腰腹部脂肪肥厚膨出"，可通过"腰腹部脂肪

抽吸术"予以改善。小叶为实施该手术支付了医疗美容费 2.7 万元。当日，小叶在签署了手术风险知情同意书后进行了全麻手术。术后，其腰围从 90cm 变为 70cm。但在次日出院后，小叶却发现自己双侧臀上部明显凹陷。虽然腰细了，但臀部的塌陷使得整体不协调、不美观。法院审理认为，根据医疗损害鉴定意见书，患者上腹部出现横形皮肤皱褶属抽脂术后常见现象，患者腰腹部较为肥胖给手术带来一定难度，医方虽对手术风险及并发症有书面告知，但其在手术过程中过度抽吸是造成患者双侧臀上部明显凹陷的主要原因。本案属于对患者人身造成的医疗损害，医方存在手术操作不当的医疗过错行为，与患者双侧臀部明显凹陷存在因果关系，医疗过错行为在损害后果中的原因力大小为主要原因。故人民法院综合鉴定意见、小叶对手术风险知情同意等情况，认定××医疗美容医院应对小叶的合理损失承担 80% 的赔偿责任。人民法院结合病史材料、发票、司法鉴定意见书等证据，判令××医疗美容医院赔偿小叶 5 万余元。

（四）违反告知义务的法律责任

1. 行政责任

［法律规范］

①《医疗事故处理条例》第五十六条

医疗机构违反本条例的规定，有下列情形之一的，由卫生行政部门责令改正；情节严重的，对负有责任的主管人员和其他直接责任人员依法给予行政处分或者纪律处分：（一）未如实告知患者病情、医疗措施和医疗风险的；……

②《医疗纠纷预防和处理条例》第四十七条

医疗机构及其医务人员有下列情形之一的，由县级以上人民政府卫生主管部门责令改正，给予警告，并处 1 万元以上 5 万元以下罚款；情节严重的，对直接负责的主管人员和其他直接责任人员给予或者责令给予降低岗位等级或者撤职的处分，对有关医务人员可以责令暂停 1 个月以上 6 个月以下执业活动；构成犯罪的，依法追究刑事责任：

……

（二）未按规定告知患者病情、医疗措施、医疗风险、替代医疗方案等；

……

2. 民事责任

医务人员未尽到前款告知义务，造成患者损害的，医疗机构应当承担赔偿责任。若美容医疗机构未如实告知患者缺乏相关资质或者故意隐瞒、虚假宣传，侵害患者的知情权，则构成欺诈。根据《消费者权益保护法》第五十五条的规定，经营者提供商品或者服务有欺诈行为的，应当按照消费者的要求增加赔偿其受到的损失，增加赔偿的金额为消费者购买商品的价款或者接受服务的费用的三倍；增加赔偿的金额不足五百元的，为五百元。法律另有规定的，依照其规定。

［法律规范］

①《民法典》第一千二百一十九条

医务人员在诊疗活动中应当向患者说明病情和医疗措施。需要实施手术、特殊检查、特殊治疗的，医务人员应当及时向患者具体说明医疗风险、替代医疗方案等情况，并取得其明确同意；不能或者不宜向患者说明的，应当向患者的近亲属说明，并取得其明确同意。

医务人员未尽到前款义务，造成患者损害的，医疗机构应当承担赔偿责任。

②《消费者权益保护法》第五十五条

经营者提供商品或者服务有欺诈行为的，应当按照消费者的要求增加赔偿其受到的损失，增加赔偿的金额为消费者购买商品的价款或者接受服务的费用的三倍；增加赔偿的金额不足五百元的，为五百元。法律另有规定的，依照其规定。

经营者明知商品或者服务存在缺陷，仍然向消费者提供，造成消费者或者其他受害人死亡或者健康严重损害的，受害人有权要求经营者依照本法第四十九条、第五十一条等法律规定赔偿损失，并有权要求所受损失二倍以下的惩罚性赔偿。

3. 刑事责任

美容医疗机构未履行告知义务，造成患者严重损害的，符合《刑法》第三百三十五条规定情形，构成医疗事故罪。美容医疗机构及其工作人员未如实告知患者缺乏相关资质或者故意隐瞒，可能会涉嫌非法行医罪等刑事犯罪。

［法律规范］

①《刑法》第三百三十五条　【医疗事故罪】

医务人员由于严重不负责任，造成就诊人死亡或者严重损害就诊人身体健康的，处三年以下有期徒刑或者拘役。

②《刑法》第三百三十六条第一款　【非法行医罪】

未取得医生执业资格的人非法行医，情节严重的，处三年以下有期徒刑、拘役或者管制，并处或者单处罚金；严重损害就诊人身体健康的，处三年以上十年以下有期徒刑，并处罚金；造成就诊人死亡的，处十年以上有期徒刑，并处罚金。

第六节 广告宣传

实践中，由于美容医疗机构通常较多关注资质、采购、价格等问题，广告的发布往往并无专门部门负责，也未必有专业律师进行审查，而美容医疗机构的从业人员为了提升业绩，在未经医疗美容广告合规培训的情况下，就容易忽略广告合规问题，导致许多医疗机构的广告因违规而被处罚。

为规范和加强医疗美容广告监管，有效维护医疗美容广告市场秩序，保护消费者合法权益，依据《中华人民共和国广告法》《医疗广告管理办法》等法律、法规和规章的规定，国家市场监管总局于2021年11月1日发布了《医疗美容广告执法指南》（以下简称"《执法指南》"）。2023年5月，国家市场监督管理总局发布了《互联网广告管理办法》，进一步细化规定了互联网医美广告的合规要求。2023年8月，国家市场监管总局曝光了12起医药领域广告违法典型案例。由此可见，在强大的监管趋势下，美容医疗机构广告合规体系的建立势在必行。

一、医美广告的界定及发布流程

（一）医美广告的界定

医疗美容广告，是指通过某种媒介或者形式直接或间接介绍美容医疗机构或者医疗美容服务的商业广告。对卫生技术人员、医疗教育科研人员进行的专访、专题报道中出现有关美容医疗机构的地址和联系方式等内容，通常被认定为以介绍健康、养生知识、人物专访、新闻报道等形式变相发布医疗美容广告。

《执法指南》中明确了医疗美容广告属于医疗广告范畴。但是，并非美容医疗机构发布的或者委托发布的信息都属于医美广告，该《执法指南》中也对相关判定进行了区分指引。根据《执法指南》第四条"美容医疗机构依据《消费者权益保护法》《电子商务法》等法律法规及国务院卫生健康行政部门规定的内容、形式和途径主动公开医疗美容服务信息，不具有商业目的，一般不视为商业广告行为"的规定，可知认定是否为医美广告的关键点在于其是否为商业营销宣传，也即是否具有商业目的。如果发布的相关内容的投放对象锁定为消费者，且该内容旨在影响消费者以达到促成消费的目的，则极有可能被视为具有商业目的，并进一步被判定为医美广告。

（二）医美广告的发布流程

医美广告的发布流程如图2-6所示。

```
广告主资质 → 广告主发布或委托发布 → 查验《医疗广告审查证明》 → 发布广告
```

- 广告主资质：
  1. 医疗机构执业许可证
  2. 医疗广告审查证明

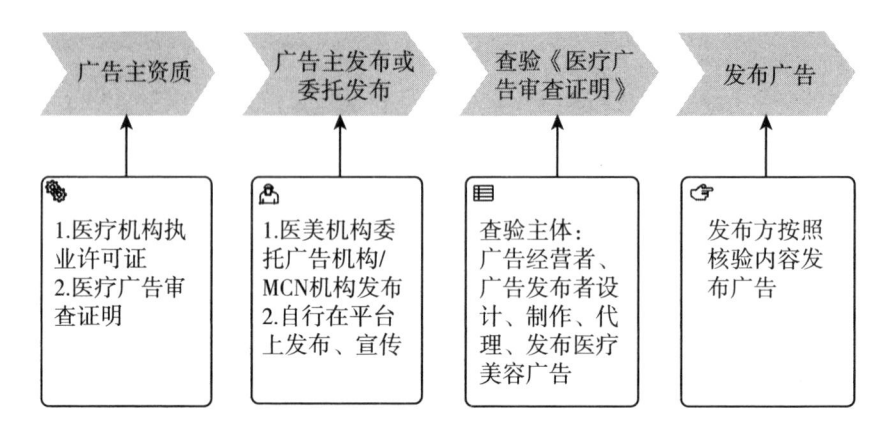

- 广告主发布或委托发布：
  1. 医美机构委托广告机构/MCN机构发布
  2. 自行在平台上发布、宣传

- 查验《医疗广告审查证明》：
  查验主体：广告经营者、广告发布者设计、制作、代理、发布医疗美容广告

- 发布广告：
  发布方按照核验内容发布广告

图 2-6 医美广告的发布流程

二、医美广告内容的要求

（一）一般性内容

医疗广告的内容仅限于以下项目：

（1）医疗机构第一名称；

（2）医疗机构地址；

（3）所有制形式；

（4）医疗机构类别；

（5）诊疗科目；

（6）床位数；

（7）接诊时间；

（8）联系电话。

上述（1）至（6）项发布的内容必须与《医疗机构执业许可证》或其副本载明的内容一致。

（二）禁止性规定

（1）医疗广告的表现形式不得含有：

①涉及医疗技术、诊疗方法、疾病名称、药物的；

②保证治愈或者隐含保证治愈的；

③宣传治愈率、有效率等诊疗效果的；

④淫秽、迷信、荒诞的；

⑤贬低他人的；

⑥利用患者、卫生技术人员、医学教育科研机构和人员以及其他社会团体、组织的名义、形象来进行证明的；

⑦使用解放军和武警部队名义的；
⑧法律、行政法规规定禁止的其他情形。
（2）医疗、药品、医疗器械广告不得含有：
①表示功效、安全性的断言或者保证；
②说明治愈率或者有效率；
③与其他药品、医疗器械的功效和安全性或者其他医疗机构进行比较；
④利用广告代言人来进行推荐、证明；
⑤法律、行政法规规定禁止的其他内容。
（3）禁止在针对未成年人的大众传播媒介上发布美容广告。
（4）禁止利用新闻形式、医疗资讯服务类专题节（栏）目发布或变相发布医疗广告。
（5）不得以介绍健康、养生知识等形式变相发布医疗、药品、医疗器械、保健食品广告。

此外，《执法指南》将制造"容貌焦虑"，以及将容貌不佳与"低能""懒惰""贫穷"等负面评价因素做不当关联或者将容貌出众与"高素质""勤奋""成功"等积极评价因素做不当关联的情形列为重点打击的违规广告情形，因此，美容医疗机构在发布广告时应当注意规避。

（三）限制性规定

关于医疗机构的人物专访、专题报道等宣传内容，可以出现医疗机构名称，但不得出现相关医疗机构的地址、联系方式等医疗广告内容；不得在同一媒介的同一时间段或者版面发布该医疗机构的广告。

（四）监管层面规定

广告主必须依法取得医疗机构执业许可证才能发布或者委托发布医疗美容广告。广告主发布医疗美容广告，必须在发布前向其所在地省级卫生行政部门申请医疗广告审查，依法取得《医疗广告审查证明》后才能发布，医疗机构不得以内部科室名义发布医疗广告。

三、常见医美广告合规要点梳理及建议

《执法指南》与《管理办法》对医美广告的主体、程序、形式、内容等作出了详细规定，笔者结合相关案例对法律规范进行解读以供读者参考。

（一）主体合法

如前所述，医疗美容广告属于医疗广告。首先，根据《医疗广告管理办法》的规定，广告主必须依法取得医疗机构执业许可证才能发布或者委托发布医疗美容广告。其次，广告主发布医疗美容广告，必须依法取得《医疗广告审查证

明》。最后，广告经营者、广告发布者设计、制作、代理、发布医疗美容广告必须依法查验《医疗广告审查证明》，并严格按核准内容发布。

参考案例展示：

案件信息：上海某医疗美容医院有限公司未取得执业许可擅自执业案

[基本案情] 上海某医疗美容医院有限公司于2018年因未取得《医疗机构执业许可证》，未经广告审查机关审查批准，发布医疗广告，被上海市青浦区市场监督管理局作出行政处罚。

（二）程序合法

美容医疗机构在发布医美广告前应当取得《医疗广告审查证明》，实际发布的内容应当与审查的内容完全一致。《医疗广告审查证明》的有效期为一年，到期后不自动续延，需要医疗机构重新提出申请，因此，医美广告发布者应当及时自查《医疗广告审查证明》的有效期，以免因《医疗广告审查证明》过期，违法发布广告而被处罚。

[参考案例] 杭州某网络科技有限公司未取得广告审查证明案

[基本案情] 2022年11月10日，杭州某网络科技有限公司在医美产品直播过程中发布的广告没有取得《医疗广告审查证明》，杭州市高新技术产业开发区（滨江）市场监督管理局依据《广告法》第五十八条第三款的规定对其进行了处罚，责令当事人停止违法行为，并对当事人作出如下行政处罚：没收广告费67 319.9元，罚款67 319.9元，两项合计罚没款134 639.8元。

（三）形式合法

医美广告发布者不得利用新闻形式、医疗咨询服务类专题节目、栏目发布或变相发布医疗广告。同时，不得在针对未成年人的大众传播媒介上发布。

关于医疗机构的人物专访、专题报道等宣传内容，不得出现相关医疗机构的地址、联系方式等医疗广告内容中，否则，可能会被认定为以介绍健康知识、人物专访、新闻报道等形式变相发布医疗美容广告。

[参考案例] 2021年内蒙古自治区某违法广告案

[基本案情] 当事人在内蒙古卫视频道《有事要说讲座》栏目中以介绍健康、养生知识等形式变相发布"永生植发"医疗广告。当事人上述行为违反了《广告法》第八条、第十九条的规定。依据《广告法》第五十九条的规定，呼和浩特市回民区市场监管局作出行政处罚，责令当事人停止发布违法广告，并处罚款9万元。

（四）内容合法

1. 禁止制造"容貌焦虑"

美容医疗机构不得在广告及营销宣传中刻意营造容貌焦虑，违背社会良好风尚，将容貌不佳与"低能""懒惰"等负面评价因素做不当关联，或者将容貌出众与"高素质""勤奋""成功"等积极评价因素做不当关联，以及宣传物化女性或者歧视女性的内容。

[参考案例] 常熟某口腔门诊部有限公司违规发布广告案

[基本案情] 常熟某口腔门诊部有限公司为美容医疗机构，在其商品详情中发布有"咖啡牙影响社交、四环素牙变得不自信、茶渍牙演讲不敢开口"等内容，将牙齿畸形与社交、自信等因素做不当关联，制造焦虑，违背了社会良好风尚，违反了《中华人民共和国广告法》第九条第七项的规定，因此，市场监督管理部门责令其停止发布广告，并处罚款5万元。

2. 禁止利用广告代言人做推荐、证明

美容医疗机构不得聘请名人、网红在其账号中以"真实体验""种草笔记""亲身测评"等方式宣传术前、术后形象的变化，误导消费者。同时，美容医疗机构不得利用患者、卫生技术人员、医学教育科研机构及人员以及其他社会团体、组织的名义、形象做证明。

[参考案例] 湛江某广告传媒有限公司违规利用广告代言人推荐案

[基本案情] 湛江某广告传媒有限公司为帮助湛江某口腔医院有限公司宣传机构品牌和医疗项目，于2019年8月1日在遂溪县遂城镇遂海路168号启达世家正门口内侧发布了一幅标注着"致美数字化 牙齿矫正 苏某帆代言 网红推荐"等字样内容以及网红苏某帆的形象照片的医疗广告，构成了在医疗广告中利用广告代言人作推荐的违法行为，被市场监督管理部门处罚款1万元。

3. 禁止利用患者的名义、形象做证明

美容医疗机构为了达到宣传特定服务或产品的目的，促进潜在客户做出消费决定，往往会采用宣传患者术前、术后效果对比图的方式。但是法律规定美容医疗机构不得采用客户术前、术后对比图的方式进行公开宣传，否则即使事先已征得客户同意，仍属于利用患者证明的广告形式，属违法广告行为。

[参考案例] 上海LZ医疗美容门诊部违规利用患者名义案

[基本案情] 2020年6月至2021年11月，上海LZ医疗美容门诊部在微信中发布了顾客术前、术后对比效果图，利用三位患者的形象做证明宣传其医疗美容服务。上述对比效果图在发布之前已与顾客签署肖像权使用合同，顾客对其行为完全知情。上海市浦东新区市监局认为，医疗美容门诊部的上述行为违反《医疗广告管理办法》第七条第（六）项"医疗广告的表现形式不得含有以下情形：……（六）利用患者……的名义、形象作证明的……"之规定，属于利用患者名义做证明的违法广告，故对其做出罚款2万元的处罚决定。

4. 禁止承诺诊疗效果

医疗美容属于医疗服务，部分医疗美容项目具有创伤性和侵入性，不管是操作失误还是操作不规范，都会造成严重的损害后果。若美容医疗机构轻易承诺安全性和有效性，则会导致消费者轻信医美效果，从而可能给消费者造成无法弥补的损害。因此，《执法指南》规定美容医疗机构不得在广告中有"使用'国家级''最高级''最佳'等用语'"，不得有"表示功效、安全性的断言或者保证"。

[参考案例] 上海某锦安门诊部有限公司违规发布广告案

[基本案情] 上海某锦安门诊部有限公司在其公众号中的"皮秒让你爱上的高效护肤"文章内发布了"1皮秒=1万亿分之一秒，速度极快，爆破力强，可将雀斑、黄褐斑、咖啡斑晒斑等色素斑沉瞬间击碎成细沙状态，一次见效""副作用目前为止谈不上，如果真的被斑点困扰很久了，直接去做皮秒或者超皮秒，除了结痂，做完之后脸上可能会泛红，稍微有点严重的话可能会有些小水泡，但是这个情况很少发生，除此之外，这个项目是非常安全的"的内容，这违反了《中华人民共和国广告法》第十六条第（一）项的规定，构成了发布表示功效、安全性的断言或者保证的医疗广告的违法行为。

5. 禁止发布虚假广告内容

美容医疗机构向消费者提供有关商品或者服务的质量、性能、用途、有效期限等信息，应当真实、全面，不得做虚假或者引人误解的宣传。

[参考案例] 上海某医疗美容医院有限公司发布虚假广告案

[基本案情] 上海某医疗美容医院有限公司在其"新氧"App店铺"上海某医疗美容医疗"中销售"嗨体熊猫"，其在广告中宣传该产品具有"去黑眼圈"等作用，因发布虚假广告，上海市松江区市场监督管理局做出罚款5.2万元，并没收违法产品的行政处罚。

第七节　其他合规风险

一、税务

2021年4月，国家税务总局贯彻《关于进一步深化税收征管改革的意见》精神，要求各地税务部门以税收风险为导向，精准实施税务监管，并提出聚焦包括医美在内的多个行业和领域，重点查处虚开发票、隐瞒收入、虚列成本、利用"税收洼地"和关联交易恶意税收筹划以及利用新型经营模式逃税、避税等涉税违法行为。美容医疗机构应当如何进行税务合规管理、自查自纠，以应对税务机构的强力监管？

（一）医美行业所涉主要税种

医美行业兼具医疗及日常消费双重属性，美容医疗机构存在的税务合规问题之复杂程度比一般企业更大，涉及增值税、企业所得税和个人所得税等。

1. 增值税及附加税

美容医疗机构提供的医疗服务属于财税〔2016〕36号销售服务、无形资产、不动产注释中规定的生活服务，在不考虑税收优惠的情况下，应当按照纳税人的生产经营规模缴纳增值税及附加税。

在特殊情况下，美容医疗机构可以免征增值税，但需同时满足以下条件：（1）经登记取得《医疗机构执业许可证》；（2）医疗机构提供的医疗服务属于《全国医疗服务价格项目规范》列出的服务；（3）医疗服务的价格不高于地（市）级以上价格主管部门会同同级卫生主管部门及其他相关部门制定的医疗服务指导价格（包括政府指导价和按照规定由供需双方协商确定的价格等）。

2. 企业所得税

企业在盈利状态下需要缴纳企业所得税，不考虑税收优惠情况，一般企业所得税税率为25%。

3. 个人所得税

属于个体工商户、个人独资企业、个人合伙企业性质的整形美容医疗机构，应根据个人所得税"经营所得"相关税收政策的规定缴纳个人所得税。美容医疗机构实务中的下列所得，公司负有代扣代缴义务：（1）员工取得的工资薪金、奖金、福利费，按"综合所得"征收；（2）渠道方从美容医疗机构获得的返佣收入，按"劳务报酬"征收；（3）股东的股息红利所得，按"股息红利所得"征收；（4）股东的股权转让所得，按"财产转让所得"征收。

（二）美容医疗机构常见的税务风险

1. 隐匿销售收入税收的风险

美容医疗机构隐匿销售收入税收的表现形式有：

（1）个人账户收款隐匿收入不申报增值税：美容医疗机构的客户群体主要为个人消费者，由于个人消费者发票意识较薄弱，美容医疗机构存在大量未开票收入，有许多公司将本应由公司账户收取的款项，转由个人账户收款，不记入公司账簿，在向税务机关申报纳税时隐瞒相关收入，且未申报缴纳增值税、企业所得税。

（2）未开票不确认销售收入，不申报增值税、企业所得税。

（3）用作直接扣减渠道费用的销售收入未作增值税申报。

（4）赠送未视同销售申报纳税。

（5）积分兑换医美服务或美容产品未确认收入。

（6）附使用期限的储值卡未确认收入。

参考案例如表2-6所示。

表2-6 参考案例

案件名称	处罚事由
某医疗美容诊所利用个人账户隐匿收入、未分别核算应税和免税项目案	当事人在为客户提供医疗美容项目服务时，利用个人银行账户收取服务款以隐匿收入，同时未对收入中的增值税应税项目和免税项目进行分别核算，导致无法区分申报纳税。上述行为被税务机关认定为偷税，处罚金额合计88 272 714.7元
某医疗美容有限公司少列收入案	当事人将收取的医疗服务费计入预收账款而未结转收入，同时多笔营业收入未入账，被税务机关认定为逃避缴纳税。根据《税收征收管理法》第六十三条第一款的规定，处以偷税数额50%的罚款共计16 834.64元

美容医疗机构为增加自身现金流、增强客户黏性，通常会对办理储值卡的消费者给予一定的价格折扣，鼓励其在门店充卡消费，该类储值卡一般附有使用期限。但是，当消费者未在规定期限内消费完毕，美容医疗机构并不会在充值卡余额清零时就清零金额确认收入。而根据会计准则，尽管涉税文件没有针对附期限充值卡未消费的金额做出明确规定，但是消费者未在规定期限内消费，企业将余额清零，实际上是取得了一项收入，企业应当就其收入缴纳增值税、企业所得税。上述案例中的企业正是因此而受到监管部门的处罚。

江苏国税在2010年度企业所得税汇算清缴政策解答中也提到："问：企业加油卡、电话充值卡、商场购物卡支出是否允许在支付并取得发票当期准予扣除？售卡企业何时确认收入？答复：根据国税函〔2008〕875号文件的规定，纳税人预售卡时做预收款处理，卡实际消费时再确认所得税收入。如预售卡有使用期限且已到期，或者无使用期限但预售卡超过两年未实际消费，则纳税人做收入处理，若以后年度再消费，则允许做纳税调减。"

据此，消费者未在规定期限内消费完毕储值卡的，美容医疗机构应当就清零金额确认收入，否则美容医疗机构将会面临补罚税款的风险。

[法律规范]

《税收征收管理法》第六十三条

纳税人伪造、变造、隐匿、擅自销毁账簿、记账凭证，或者在账簿上多列支出或者不列、少列收入，或者经税务机关通知申报而拒不申报或者进行虚假的纳税申报，不缴或者少缴应纳税款的，是偷税。对纳税人偷税的，由税务机关追缴其不缴或者少缴的税款、滞纳金，并处不缴或者少缴的税款百分之五十以上五倍以下的罚款；构成犯罪的，依法追究刑事责任。

扣缴义务人采取前款所列手段，不缴或者少缴已扣、已收税款，由税务机关追缴其不缴或者少缴的税款、滞纳金，并处不缴或者少缴的税款百分之五十以上五倍以下的罚款；构成犯罪的，依法追究刑事责任。

2. 医师、高管、外聘专家及渠道方（返佣）的个人收入合规问题

美容医疗机构的医师、高管、外聘专家及渠道方（返佣）的个人收入可能存在的税务相关问题如下：

（1）通过私账、第三方渠道或其他利益交换等形式支付明星医师的手术费以及高管的奖金、分红等，未按规定代扣代缴个人所得税。

（2）为获取足够的客源，渠道型美容医疗机构会向中间商支付高额的返佣，有些高达七成到九成，返佣常常通过以下两种方式违法处理：通过私人账户转账方式逃避税负；账面做销售退款处理，直接冲减当期收入。但由于美容医疗机构渠道客户的销售返佣并不直接返给客户，而是返给中间商，故不属于销售折扣或者折让，不应直接冲减当期收入。

参考案例如表2-7所示。

表2-7 参考案例

案件名称	处罚事由
广州某医疗美容门诊部账外发放员工奖金案	当事人账外发放员工奖金、提成，未并计当月员工工资薪金收入，未履行代扣代缴个人所得税义务，被税务机关处以应扣未扣个人所得税50%的罚款，金额为27 739.88元
东莞某医疗美容门诊有限公司未如实代扣代缴个人所得税案	当事人隐瞒员工人数，使用法定代表人的私人账户向员工发放工资，未按实际发放工资进行工资费用核算和扣缴员工工资薪金个人所得税。此外，当事人还通过法定代表人的私人账户支付合作商介绍顾客的佣金，没有进行佣金费用核算和扣缴合作商劳务报酬个人所得税。税务机关根据《税收征收管理法》第六十九条的规定，对其处以少扣缴个人所得税50%的罚款，金额为28 913.97元

根据税务总局公告2019年第72号、税务总局公告2012年第15号、财税2009年29号文件的规定，保险企业发生与其经营活动有关的手续费及佣金支出，不超过当年全部保费收入扣除退保金等后余额的18%的部分，在计算应纳税所得额时准予扣除；电信企业不超过当年收入总额5%的部分，准予在企业所得税前据实扣除；其他企业发生与其经营活动有关的手续费及佣金支出按与具有合法经营资格中介服务机构或个人所签订服务协议或合同确认的收入金额的5%计算限额。

因此，美容医疗机构通过第三方渠道或个人推客产生的佣金费支出，仅在收

入金额 5% 的范围内据实扣除，不得全额扣除。若企业没有执行前述限额政策，则会面临补罚税款的风险。

[法律规范]

① 《税收征收管理法》第六十三条

纳税人伪造、变造、隐匿、擅自销毁账簿、记账凭证，或者在账簿上多列支出或者不列、少列收入，或者经税务机关通知申报而拒不申报或者进行虚假的纳税申报，不缴或者少缴应纳税款的，是偷税。对纳税人偷税的，由税务机关追缴其不缴或者少缴的税款、滞纳金，并处不缴或者少缴的税款百分之五十以上五倍以下的罚款；构成犯罪的，依法追究刑事责任。

扣缴义务人采取前款所列手段，不缴或者少缴已扣、已收税款，由税务机关追缴其不缴或者少缴的税款、滞纳金，并处不缴或者少缴的税款百分之五十以上五倍以下的罚款；构成犯罪的，依法追究刑事责任。

② 《税收征收管理法》第六十九条

扣缴义务人应扣未扣、应收而不收税款的，由税务机关向纳税人追缴税款，对扣缴义务人处应扣未扣、应收未收税款百分之五十以上三倍以下的罚款。

3. 不符合增值税免税条件但全部按照免税收入申报缴纳增值税

常见的虚开发票情形有申报抵扣进项、不区分项目、全部按照免税项目申报增值税等。

医疗机构提供医疗服务收入，根据财税〔2016〕36 号文件的规定，符合以下条件免征增值税：

（1）登记取得《医疗机构执业许可证》；

（2）医疗机构提供的医疗服务属于《全国医疗服务价格项目规范》列出的服务；

（3）医疗服务的价格不高于地（市）级以上价格主管部门会同同级卫生主管部门及其他相关部门制定的医疗服务指导价格（包括政府指导价和按照规定由供需双方协商确定的价格等）。

参考案例见表 2-8。

表 2-8 参考案例

案件名称	处罚事由
嘉兴某医疗美容医院收受虚开增值税普通发票虚增成本减少应纳税所得额案	当事人购进装修服务时收受第三方虚开的增值税普通发票，属于税法列明的"取得不符合规定发票"的行为，对于该虚增成本费用，当事人在年终汇算清缴时未按规定调整企业所得税应纳税所得额，被处以罚款 3 万元

续表

案件名称	处罚事由
肇庆某医院（普通合伙）应税收入申报为免税收入及账外收入案	2019年至2021年，当事人通过账外收款、应税收入申报为免税收入等方式，少申报收入380万元，经税务机关核查后，将少缴的税款238 380.65元予以追缴入库，并参照《广东省税务系统税务行政处罚裁量基准》（国家税务总局广东省税务局2021年第2号公告发布）第七项"偷、逃、骗、抗税行为"所对应的第45栏的规定，处以罚款119 190.35元

[法律规范]

① 《税收征收管理法》第六十三条

纳税人伪造、变造、隐匿、擅自销毁账簿、记账凭证，或者在账簿上多列支出或者不列、少列收入，或者经税务机关通知申报而拒不申报或者进行虚假的纳税申报，不缴或者少缴应纳税款的，是偷税。对纳税人偷税的，由税务机关追缴其不缴或者少缴的税款、滞纳金，并处不缴或者少缴的税款百分之五十以上五倍以下的罚款；构成犯罪的，依法追究刑事责任。

扣缴义务人采取前款所列手段，不缴或者少缴已扣、已收税款，由税务机关追缴其不缴或者少缴的税款、滞纳金，并处不缴或者少缴的税款百分之五十以上五倍以下的罚款；构成犯罪的，依法追究刑事责任。

② 《税收征收管理法》第六十四条

纳税人、扣缴义务人编造虚假计税依据的，由税务机关责令限期改正，并处五万元以下的罚款。

纳税人不进行纳税申报，不缴或者少缴应纳税款的，由税务机关追缴其不缴或者少缴的税款、滞纳金，并处不缴或者少缴的税款百分之五十以上五倍以下的罚款。

③ 《税收征收管理法》第六十九条

扣缴义务人应扣未扣、应收而不收税款的，由税务机关向纳税人追缴税款，对扣缴义务人处应扣未扣、应收未收税款百分之五十以上三倍以下的罚款。

4. 其他税务合规风险

除了上述与具体税种有关的纳税违法情形，美容医疗机构还常常会因发票管理不规范而受到行政处罚。

参考案例见表2-9。

表 2-9　参考案例

案件名称	处罚事由
楚雄某医疗美容有限公司发票丢失案	当事人因未按规定保管发票，丢失2016版《增值税普通发票》（二联折叠票）10份，被处以罚款500元
东莞市某医疗美容门诊部未开发票案	当事人在2020年12月存在应开具而未开具发票的行为，未开票金额为7.9万元，被处以罚款1000元

[法律规范]

①《发票管理办法》第十八条

销售商品、提供服务以及从事其他经营活动的单位和个人，对外发生经营业务收取款项，收款方应当向付款方开具发票；特殊情况下，由付款方向收款方开具发票。

②《发票管理办法》第三十三条

违反本办法的规定，有下列情形之一的，由税务机关责令改正，可以处1万元以下的罚款；有违法所得的予以没收：

（一）应当开具而未开具发票，或者未按照规定的时限、顺序、栏目，全部联次一次性开具发票，或者未加盖发票专用章的；

（二）使用税控装置开具发票，未按期向主管税务机关报送开具发票的数据的；

（三）使用非税控电子器具开具发票，未将非税控电子器具使用的软件程序说明资料报主管税务机关备案，或者未按照规定保存、报送开具发票的数据的；

（四）拆本使用发票的；

（五）扩大发票使用范围的；

（六）以其他凭证代替发票使用的；

（七）跨规定区域开具发票的；

（八）未按照规定缴销发票的；

（九）未按照规定存放和保管发票的。

③《发票管理办法》第三十六条

私自印制、伪造、变造发票，非法制造发票防伪专用品，伪造发票监制章，窃取、截留、篡改、出售、泄露发票数据的，由税务机关没收违法所得，没收、销毁作案工具和非法物品，并处1万元以上5万元以下的罚款；情节严重的，并处5万元以上50万元以下的罚款；构成犯罪的，依法追究刑事责任。

前款规定的处罚，《中华人民共和国税收征收管理法》有规定的，依照其规定执行。

（三）税务合规建议

1. 建立企业财务合规制度

美容医疗机构应当建立完善的内部财务合规制度，尤其是经营、财务合规管理制度，并对内部财务实施全方面管理，以确保企业发票利用、合同签订等经营行为的合法合规性。

此外，美容医疗机构还应当针对内部发票利用、管理等开展定期财税、法律知识培训。通过对财税、法律知识的普及，强化内部管理人员以及员工的财税基础和法律意识，使得美容医疗机构内部工作人员对税务违法行为的具体情形以及法律责任有所认知，从而进一步加强涉税法律风险防范意识，以避免相关犯罪行为的发生。

2. 加强公司内部财税治理

为美容医疗机构提供服务的人员多且杂，美容医疗机构应当加强对其支付的内部管理，定期开展内部税务风险合规分析，促进个人所得税代扣代缴工作，对可能存在涉税风险的员工进行及时提醒和督促。

美容医疗机构应当主动对逃税、避税行为进行纠错，对隐匿营业收入、个人所得收入而逃税的行为进行自查，并及时向税务机关处提交补税申请、配合调查、主动补缴税款和滞纳金，主动报告税务机关尚未掌握的涉税违法行为，以减轻违法行为的危害后果，进而争取到税务部门的从轻处罚。

（1）隐匿销售收入税收的风险应对：杜绝私人账户收款，据实记载和申报收入。

（2）医师、高管、外聘专家及渠道方（返佣）的个人收入风险应对：

①增值税及附加税方面：应全额申报销售收入。

②企业所得税方面：应全额申报收入，并将销售返佣金额确认销售费用减去佣金及手续费，但若未取得合规的税前扣除凭证，则不得税前扣除（若取得发票，则佣金支出的扣除限额仅为合同金额的5%）。

③个人所得税方面：对于支付给个人的渠道费用，美容医疗机构具有按照劳务报酬代扣代缴个人所得税的义务。

④不符合增值税免税条件但全部按照免税收入申报缴纳增值税的风险应对：享受免增值税的医疗服务必须严格按36号文件的要求来操作。尤其是对于相关收入是否属于《全国医疗服务价格项目规范》内的项目，不能做随意的扩大解释。美容医疗机构应根据主营业务准确划分免税收入和应税收入，避免错误享受了免税优惠。同时兼营免税、应税项目的，还应当分别核算免税、应税项目的销售额；未分别核算的，不得免税。

（3）加强进项、销项发票的合规管理

进项、销项发票的合规管理，支出、收入的账目明晰，是当前美容医疗机构财税管理的核心和重点。面对可能存在的虚开虚收发票、未开发票隐匿收入等风险，通过简单的验证无法快速准确地识别这类合规风险。此外，发票风险是动态的，发票在收录时正常，但在一段时间后会由于各种原因而变为异常，导致不能证明业务往来合法性的问题屡见不鲜，因此美容医疗机构需要强化对发票的合规预警和管理。

（4）加强渠道型美容医疗机构税务合规管理

为了获取足够多的客源，渠道型美容医疗机构会向中介者支付高额的返佣，而这也是此类美容医疗机构的一大特点，目前其一般为收费金额的50%，有些甚至可以达到70%~90%。如此高额的返佣比例，不仅促使渠道型美容医疗机构通过私人账户等方式逃避税负，还可能被税务机关认定为商业贿赂行为，导致其他法律风险。为此，其更应当加强税收合规意识，采取多种方法规范纳税行为，在金税四期的背景下，尤其应当停止依靠私人账户或非规范结算渠道逃税、避税的行为模式。

二、竞争行为

2021年，市场监管总局在全国范围内开展重点领域反不正当竞争执法专项整治，严厉打击医美市场虚假宣传、仿冒混淆等不正当竞争行为。2023年4月，市场监管总局组织开展2023年反不正当竞争"守护"专项执法行动（以下简称"专项执法行动"），专项执法行动重点"查处互联网不正当竞争行为""严打医药购销、餐饮旅游等重点行业商业贿赂违法行为""侵犯商业秘密、商业标识和商业信誉的行为"。

（一）医美行业竞争乱象

1. 机构、医师质量参差不齐

我国美容医疗机构市场准入门槛低、利润率高，使得越来越多的投资人涌入医疗美容市场，竞争逐渐激烈，且行业集中度较低，缺少全国性医美龙头机构，市场标准化问题尚未解决，从而导致美容医疗机构质量参差不齐。艾瑞咨询《2022年中国医疗美容行业研究报告》显示，2021年我国具备医疗美容资质的机构约1.7万家，其中私立机构占据了约90%的市场份额。根据艾瑞咨询的其他相关数据显示，在合法的美容医疗机构当中，约15%的机构存在超范围经营的现象，非法经营医美店铺数量超8万家，而合法美容医疗机构的行业占比仅为14%，合法、合规美容医疗机构的行业占比仅为12%。根据中整协统计，我国医美非法从业者人数至少在10万以上，其中，合法医师仅占行业总人数的28%。

2. 药械设备真假难辨

尽管国家严查医美行业的针剂造假和走私问题,但针剂产品具有隐秘性强、易携带、流动性高的特点,往往只能在事发后被举报,因而执法部门难以实施全面打击,从而使得非法注射屡禁不止。艾瑞咨询数据显示,市面上流通的针剂正品率只有33.3%。此外,由于医美光电设备属于医疗器械范畴,国家对设备流通管控严格;同时,医美光电设备市场被国外四大设备厂商垄断,价格高昂且市占率高达80%。据此可推测,在非法医美场所流通的90%以上的医疗美容设备都是假货。

3. 宣传欺诈行为频发

为了盈利,不良医美广告从事大量的虚假宣传、恶意混淆等行为,推波助澜以欺骗消费者。一些未经药品管理部门审批或者备案的药品、医疗器械通过具有诱导性的广告进行宣传,对诊疗效果或者对诊疗的安全性、功效做保证性承诺,诱导消费者落入圈套。

(二) 美容医疗机构的哪些行为属于"不正当竞争"?

美容医疗机构的不正当竞争行为有6种,如表2-10所示。

1. 虚假宣传医疗机构资质、医生资历

[参考案例] 四川省绵阳某医疗管理服务有限公司虚假宣传医生及医疗机构资历荣誉案

[基本案情] 2020年7月,执法人员在现场检查中发现当事人在店内墙壁上"××医疗整形美容——专家介绍"栏集中对其机构的医生姓名、荣誉资质、擅长项目等进行了详细介绍,其中的"曹某某""郑某某"既不是当事人的特约专家,也未在当事人处开展过医疗整形服务,当事人在不能提供其荣誉资质、擅长项目的证明资料的情况下,仅凭同行推荐,就将其两人放于首要位置进行宣传。同时,当事人还利用微信杜撰了自己是从韩国首尔发展而来,有68个分支机构的国际级连锁美容医疗机构等虚假情况。

法律依据及处罚:当事人的行为违反了《反不正当竞争法》第八条第一款的规定,依据第二十条第一款的规定,责令当事人停止违法行为,并处罚款10万元。

2. 虚假宣传医美产品功效、服务疗效

[参考案例] 上海某美容美发有限公司虚假宣传产品功效案

[基本案情] 2022年1月,执法人员在监督检查中发现,当事人店内价目表上有"烫发系列、染发系列、头皮系列"等服务项目,其中"头皮系列"服务项目标注有"消炎、补水、抗敏"等宣传字样。经查,当事人自2021年10月起,在向顾客推销"头皮护理"服务项目时,将普通化妆品"头皮舒化菁华液"

虚假宣传为具有"消炎、抗敏"功效的商品，并在价目表中进行标注。

法律依据及处罚：当事人的行为违反了《反不正当竞争法》第八条第一款的规定，依据《反不正当竞争法》第二十条第一款的规定，责令当事人停止违法行为，并处罚款 30 万元。

3. 编造患者评价

[参考案例 1] 上海某医疗美容门诊部有限公司编造用户评价虚假宣传案

[基本案情] 当事人作为平台内经营者入驻北京新氧科技有限公司运营的"新氧 App"平台，2021 年 1 月 9 日，新氧账号"氧气 bqwbqo"在当事人新氧账号"上海某医疗美容"下发布了日记评价内容，而账号"氧气 bqwbqo"的实际用户为当事人公司员工，该员工应其上级要求购买当事人所销售的医美项目是为了编造用户评价给当事人的新氧账号获取好评，以提升人气。该员工并未实际接受相关项目服务，系以虚构交易、编造用户评价的方式进行虚假宣传。

法律依据及处罚：当事人的行为违反了《反不正当竞争法》第八条第一款的规定，依据第二十条第一款的规定，责令当事人停止违法行为，并处罚款 0.5 万元。

[参考案例 2] 长沙某传媒有限公司组织虚假交易案

[基本案情] 2021 年 5 月，长沙某传媒有限公司与湖南某医疗美容有限公司（以下简称"某公司"）签订"推广合作协议"，通过刷空单的形式提高某公司在大众点评平台上店铺的销售量；通过打造点评基数、真人刷单形式，帮助某公司在大众点评平台中的"某医疗美容"店铺提升排名。

法律依据及处罚：当事人的行为违反了《反不正当竞争法》第八条第二款的规定，依据《反不正当竞争法》第二十条第一款的规定，责令当事人停止违法行为，并处罚款 21 万元。

4. "傍名牌"商业混淆

[参考案例] 广东某医药科技有限公司实施混淆案

[基本案情] 2021 年 5 月 8 日，执法人员在现场检查时发现，当事人擅自在生产销售的紧宸套装（规格："液体敷料 5ml×3 瓶、冷敷凝胶 3g×2 支"）、紧宸体验装（规格："液体敷料 10ml×1 瓶、冷敷凝胶 3g×1 支"）及医用冷敷贴包装盒上使用某明星的肖像，足以引人误认为该明星与当事人生产销售的产品存在代言关系。

法律依据及处罚：当事人的行为违反了《反不正当竞争法》第六条第四项的规定，依据《反不正当竞争法》第十八条第一款规定，责令当事人停止违法行为，没收违法商品，并处罚款 2.5 万元。

5. 不正当有奖销售

[参考案例] 丽水市莲都区某美容院不正当有奖销售案

[基本案情] 2022 年 4 月 2 日,执法人员在现场检查时发现,当事人正在开展主题为"美尚社交季·心动开盲盒暨 198 元全民预约竞抢网红神车活动"的促销活动。该活动分为三个阶段:第一阶段销售 198 元品牌品鉴卡(喜拼卡),第二阶段销售 2980 元品牌特惠卡(美享卡),第三阶段直播抽奖。活动前当事人未明确公布第二阶段销售 2980 元品牌特惠卡(美享卡)的活动内容,也未明确公布第三阶段直播抽奖的开奖条件(即需美享卡售出 120 张才开奖)、抽奖时间、奖品数量等信息。截至案发,当事人共售出 198 元喜拼卡 223 张、2980 元美享卡 29 张。

法律依据及处罚:当事人的行为违反了《反不正当竞争法》第十条第一款第一项和《规范促销行为暂行规定》第十三条第一款的规定,依据反不正当竞争法第二十二条,并参照《浙江省市场监督管理局 浙江省药品监督管理局关于行政处罚裁量权行使的指导意见》(浙市监法〔2020〕8 号)第十五条第一项、第三项的规定,责令当事人停止违法行为,并处罚款 5 万元。

6. 商业贿赂

[参考案例] 上海某医疗美容门诊部商业贿赂案

[基本案情] 2022 年,上海某医疗美容门诊部与拟成立网络直播公司的个人费某约定,由其作为渠道商,为上海某医疗美容门诊部介绍客户资源,以客户美容项目实际成交额的 40%～60% 向费某支付"好处费"。交易达成后,双方按照约定,通过公司账户分别向费某个人账户转账 0.6 万元、1.5 万元,合计支付给费某"好处费"2.1 万元。

法律依据及处罚:当事人上述行为违反了《反不正当竞争法》第七条第一款第三项的规定,依据《反不正当竞争法》第十九条的规定,被没收违法所得 2.984 853 万元,罚款 30 万元。

表 2-10 不正当竞争行为及相关法律规定

序号	不正当竞争行为	法律规定
1	虚假宣传医疗机构资质、医生资历	《反不正当竞争法》第八条 经营者不得对其商品的性能、功能、质量、销售状况、用户评价、曾获荣誉等作虚假或者引人误解的商业宣传,欺骗、误导消费者。 经营者不得通过组织虚假交易等方式,帮助其他经营者进行虚假或者引人误解的商业宣传
2	虚假宣传医美产品功效、服务疗效	
3	编造患者评价	

续表

序号	不正当竞争行为	法律规定
4	"傍名牌"商业混淆	《反不正当竞争法》第六条 经营者不得实施下列混淆行为，引人误认为是他人商品或者与他人存在特定联系： （一）擅自使用与他人有一定影响的商品名称、包装、装潢等相同或者近似的标识； （二）擅自使用他人有一定影响的企业名称（包括简称、字号等）、社会组织名称（包括简称等）、姓名（包括笔名、艺名、译名等）； （三）擅自使用他人有一定影响的域名主体部分、网站名称、网页等； （四）其他足以引人误认为是他人商品或者与他人存在特定联系的混淆行为
5	不正当有奖销售	《反不正当竞争法》第十条 经营者进行有奖销售不得存在下列情形： （一）所设奖的种类、兑奖条件、奖金金额或者奖品等有奖销售信息不明确，影响兑奖； （二）采用谎称有奖或者故意让内定人员中奖的欺骗方式进行有奖销售； （三）抽奖式的有奖销售，最高奖的金额超过五万元
6	商业贿赂	《反不正当竞争法》第七条 经营者不得采用财物或者其他手段贿赂下列单位或者个人，以谋取交易机会或者竞争优势： （一）交易相对方的工作人员； （二）受交易相对方委托办理相关事务的单位或者个人； （三）利用职权或者影响力影响交易的单位或者个人

（三）美容医疗机构"不正当竞争"的法律后果

1. 行政责任

（1）经营者对其商品进行虚假或者引人误解的商业宣传，或者通过组织虚假交易等方式帮助其他经营者进行虚假或者引人误解的商业宣传的，由监督检查部门责令停止违法行为，处二十万元以上一百万元以下的罚款；情节严重的，处一百万元以上二百万元以下的罚款，并吊销营业执照。

（2）经营者实施混淆行为的，由监督检查部门责令停止违法行为，并没收违法商品。违法经营额五万元以上的，可以并处违法经营额五倍以下的罚款；没有违法经营额或者违法经营额不足五万元的，可以并处二十五万元以下的罚款；情节严重的，吊销营业执照。

（3）经营者进行有奖销售的，由监督检查部门责令停止违法行为，处五万元以上五十万元以下的罚款。

（4）经营者贿赂他人的，由监督检查部门没收违法所得，处十万元以上三百万元以下的罚款。情节严重的，吊销营业执照。

2. 民事责任

（1）市场混淆型不正当竞争。

此种不正当竞争的责任承担形式为停止侵害、排除妨碍、赔偿损失。

[参考案例] 上海某投资管理有限公司与武汉市武昌区某医疗美容门诊部市场混淆不正当竞争民事纠纷案

[基本案情] 被告武昌某门诊部在经营及广告宣传中使用文字"美来""mylike"的行为是否侵害原告上海某公司的商标权或构成不正当竞争。法院认为，由"美来""mylike"的艺术字及象征蜻蜓的图案组合而成的图标虽经过美术作品登记，但上述登记证书记载的作品创作完成时间明显在第4784877号和第4784876号商标获准注册之后，故被告武昌某门诊部无权以其所称的在后著作权对抗他人在先的注册商标专用权。被告武昌某门诊部经工商行政机关登记的名称中含有汉字"美来"，在其商业网站的医疗美容服务广告中亦有规范、完整地使用其企业名称"武汉市武昌区美来医疗美容门诊部"的情形。但是，被告的成立时间晚于原告，被告亦未证明其企业名称或字号具有与原告的注册商标或字号相当的知名度。因此，在原告第4784876号商标实际使用在先并获准注册，且该文字商标及企业字号在医疗美容服务行业已具有较高知名度的情形下，即使被告规范、完整地使用含有汉字"美来"的企业名称，也容易误导相关公众，从而构成不正当竞争。

法律依据及处罚：根据《反不正当竞争法》第五条第三项的规定，经营者不得擅自使用他人的企业名称或者姓名，让人误以为是他人的商品。本案被告武昌美来的行为属于"将他人注册商标、未注册的驰名商标作为企业名称中的字号使用，误导公众"。综上所述，被告的行为侵害了原告对第4784876号、第4784877号商标享有的注册商标专用权，并构成不正当竞争。被告依法应当承担停止侵害、排除妨碍、赔偿损失等民事责任。

（2）虚假宣传型不正当竞争。

此种不正当竞争的责任承担形式为停止侵权、赔偿损失。

[参考案例] 成都某牙科连锁管理股份有限公司、绍兴越城某医疗门诊部有限公司虚假宣传不正当竞争民事纠纷案

[基本案情] 原告成都某公司的成立时间远早于被告绍兴某公司，且前者在国内医疗美容行业已经具有一定的市场知名度，以及较好的市场口碑。被告在对外宣传时使用了"亚洲40城连锁·塑美24年品牌""荣耀亚洲24年·华美24周年庆典""亚洲连锁24周年华美24周年荣耀绽放""华美安全塑美，领先中国20年"的表述。按照一般消费者的正常理解，以上表述的含义为，被告已经从事塑形美容行业24年，且在亚洲地区有连锁店。而事实上被告成立于2015年，仅在绍兴开设了一家"华美"门诊部，并无连锁店，且被告未能对其宣传内容作出合理解释。可见被告对其经营时长、经营模式、经营规模进行了虚假的、引人误解的商业宣传，会产生误导消费者的不良后果，属于前述法律规定的虚假宣传，构成不正当竞争。

法律依据及处罚：《反不正当竞争法》第八条规定："经营者不得对其商品的性能、功能、质量、销售状况、用户评价、曾获荣誉等作虚假或者引人误解的商业宣传，欺骗、误导消费者。"本案被告在没有所称事实的情况下，对外进行虚假宣传，且具有误导消费者的效果，应当承担停止侵权、赔偿损失的民事责任。

（3）商业秘密型不正当竞争。

此种不正当竞争的责任承担形式为停止侵害、违约责任、赔偿损失。

[参考案例] 南京某美容医院有限公司与王某、上海某医疗美容门诊部有限公司侵害商业秘密不正当竞争民事纠纷案

[法律依据及处罚] 本案中，原告（南京某美容医院有限公司）主张崔某的客户信息，包括客户名称、联系方式、就诊信息、咨询内容、消费金额、消费意愿等内容，属于反不正当竞争法保护的商业秘密。

《反不正当竞争法》第九条第一款规定，经营者不得实施下列侵犯商业秘密的行为：（1）以盗窃、贿赂、欺诈、胁迫或者其他不正当手段获取权利人的商业秘密；（2）披露、使用或者允许他人使用以前项手段获取的权利人的商业秘密；（3）违反约定或者违反权利人有关保守商业秘密的要求，披露、使用或者允许他人使用其所掌握的商业秘密。本案中，被告王某在原告奇致公司任职期间系崔某的咨询助理，能够接触到崔某的信息，掌握了该客户特定的消费习惯、消费倾向、需求偏好以及价格承受能力等信息。被告王某利用职务之便和所掌握的上述信息，引导崔某前往被告美姿公司就诊，其行为违反了《竞业禁止协议》规定的保密义务，也有违诚实信用的原则和公认的商业道德，致使原告丧失了交易机会，侵害了原告的合法权益，从而构成商业秘密侵权。

3. 刑事责任

美容医疗机构实施不正当竞争行为的，可能构成侵犯商业秘密罪、对非国家工作人员行贿罪等刑事犯罪。

三、知识产权

现代美容医疗机构大部分采取"轻资产"运作方式，除了一些必要的硬件设施设备，如办公或者医疗场地、一定数量的床位、诊疗设备和药品等，其他固定资产的投入相对较少。相比之下，医美技术、品牌价值、商业信誉等无形资产逐渐成为现代美容医疗机构更加重要的资产。从目前竞争高度激烈的市场化环境来看，知识资本或将成为医疗美容行业最核心的竞争力。从行业发展的战略来看，对知识资本的合规管理和有效保护具有长远而重大的意义。

2017年，成都华美牙科连锁管理股份有限公司（下称"华美牙科"）以"侵犯商标权"等为由起诉上海华美医疗美容医院有限公司、重庆华美整形美容医院有限公司和广州华美医疗美容医院等41家以"华美"作为企业字号的美容医疗机构，并对每家企业提出了数百万元的赔偿金额。法院认为，其他以"华美"作为企业字号的美容医疗机构不构成不正当竞争和商标侵权，但综合各方面因素考虑，酌定其他美容医疗机构赔偿华美牙科经济损失及合理使用费。华美牙科手上的"华美"商标化身一把"金钥匙"，通过商标授权和打假打开了财富大门，在上市后持续亏损的状态下成功回血。

知识产权从本质上说是一种无形财产，主要包括商标权、专利权、著作权、商业秘密、集成电路布图设计权，商业秘密、植物新品种，地理标志等。医疗美容行业中常见的相关法律风险有商标侵权、著作权侵权、侵犯商业秘密、专利侵权。

（一）商标侵权的风险

商标包括商品商标和服务商标，美容医疗机构大部分属于服务机构，其自身所申请和注册的商标属于服务商标，而在医疗美容服务过程中所使用的产品、药品的商标大多属于商品商标。商标侵权具体有以下两种表现形式：

1. 假冒商标行为

假冒商标行为是最常见的侵犯商标权的行为。还有一种间接侵犯商标权的行为是利用商号和域名来侵犯商标权。由于商标、商号和域名的注册登记机关不一致，所以，这几种标志之间经常发生互相抢注的情况，部分不良企业将与其他知名商标、域名相同或者近似的文字等登记为企业的商号使用，或者将与其他知名企业商号、域名相同或者近似的文字等注册为商标使用，使消费者误认为产品或服务为同一来源或有相关联系，从而借用别人的品牌赚取额外利润。

医疗美容领域中，美容医疗机构"傍名牌"等假冒商标行为的现象尤其严重，天眼查信息查询系统显示，机构名称含"协和""华西""华山""同仁""湘雅"的美容医疗机构有几百家，接近上千家。因此，新成立的美容医疗机构从一开始就要注意统一商标、商号和域名，形成三位一体的态势，不仅可以防止他人抢注，还可以通过交织商标权、商号权和域名权等权利形成严密的权利保护网，以防范被侵权的风险。

2. 恶意抢注商标行为

随着医疗美容行业品牌的快速发展，抢注商标现象呈现增长的态势，给商标使用人造成了巨大的损失。如果在机构商誉已经形成并广泛传播时再通过注册进行保护，则商标大概率已经被他人抢注，即便能够维权，维权成本也很大。

因此，美容医疗机构应：①强化商标保护意识，在机构设立和市场宣传之前及时向商标管理部门注册，不给他人恶意抢注的机会；②积极监控，及时维权，注意追踪同行对手、监控市场，一旦发现他人有抢注商标的行为，可以向商标局提出异议及向商标评审委员会申请复审；③加强与知识产权代理机构的紧密联系，利用其信息资料全程对机构商标进行跟踪、监控，分析相同或近似商标的注册动向，以免被抢注。

此外，美容医疗机构在防范商标侵权行为的同时，也应当注意避免自己的行为侵犯他人的商标，也即防范商标在先权利风险。商标在先权利是指注册商标申请人提出注册商标申请以前，他人已经依法取得或者依法享有的权利。根据《商标法》的规定，申请商标注册不得损害他人现有的在先权利。如果美容医疗机构商标使用的标志侵犯了别人在先申请注册的商标权或其他在先权利，则会影响申请人的商标注册；即使已经获得注册，在先权利人也可以依法申请撤销，从而导致美容医疗机构的商标权有随时被撤销的可能。因此，美容医疗机构在选择商标标志时应当进行全面的在先权利审查，在采用名人的姓名和肖像权申请注册商标时要先取得其本人的授权许可。

［参考案例］自然美商标侵权案

［基本案情］ 2019年，自然美公司以赤骥公司经营的"世纪商机网"（www.1616n.com）上使用了与自然美公司享有涉案商标权利相近似的标识，侵害了自然美公司享有的注册商标专用权为由向法院提起诉讼。赤骥公司以合理使用为由进行抗辩，称若有用户咨询加盟会引导至自然美公司；但自然美公司从未接收到此类引导客户。

法院认为，赤骥公司的行为并非说明或描述其自己的商品或服务所必需，但网络用户会被自然美公司商标的商誉吸引而点击浏览赤骥公司网站，导致相关公众误以为赤骥公司系经自然美公司授权开展加盟的相关服务或误以为两者有关联关系，从而对两者之间的关系产生混淆和误认，故赤骥公司的行为构成侵害自然美商标权。

（二）著作权侵权的风险

由于著作权的产生不以作品是否发表、登记和使用为前提，因此在现实中更容易发生侵权纠纷。美容医疗机构的著作权风险主要体现在广告宣传、新媒体推广中字体以及明星照片的使用上。

1. 网络图片或字体使用侵权风险

部分美容医疗机构的微信公众号文章、装潢的商号标识、机构名称、广告语等使用的图片或字体侵害了消费者的权利。

2. 明星照片、表情包使用的风险

明星的照片未经许可而被使用的情况普遍存在，最常见的就是美容医疗机构以明星肖像作为广告推广。随着微信公众号、微博等新媒体的快速发展，明星照片、表情包等肖像载体的传播范围广、速度快，美容医疗机构的广告风险也在不断增加。

因此，美容医疗机构应采取适当的风险管理措施，防止风险的发生：A. 使用通过正规渠道购买或下载的图片或字体，尤其注意其权利限制，是免费还是付费、自用还是商用；B. 使用相关明星图片时要经过正式授权；C. 广告宣传内容的合法合规性应严格审查；D. 对外委托制作时，合同中必须有对内容、字体侵权的相关责任承担或风险归属作出明确约定的内容；E. 在收到相关律师函、告知书后不要匆忙作出回应，任何回应均有可能被作为权利人主张侵权或赔偿金额的参考依据，并应立即停止相关图片或字体的使用，及时联系律师核实是否侵害他人的著作权；等等。

[参考案例] 侵害作品信息网络传播权纠纷案

[基本案情] 原告在2014年创作了一系列图片，其系上述涉案图片作品的著作权人。2019年9月，原告发现被告某医美杂志社未经许可，在其微信公众号上使用涉案图片共计27张。被告的行为已经构成"通过信息网络擅自向公众提供他人作品"的侵权行为。

法院认为，原告主张权利的照片，在拍摄对象、造型摆设、主题内容、构图等方面体现出了一定的独创性，因而属于《著作权法》保护的摄影作品，并认定原告对涉案摄影作品享有著作权。被告未经著作权人许可，擅自将涉案图片上传到网络上，使公众能够在个人选定的时间和地点浏览，侵犯了原告对涉案摄影作品享有的著作权，应当承担停止侵权、赔偿损失的法律责任。

（三）侵犯商业秘密的风险

对美容医疗机构而言，商业秘密（主要是市场经营信息）的重要性高于专利权、商标权、著作权等知识产权。泄密行为是商业秘密创造、运用、保护、管理中最重要的风险。美容医疗机构可以通过民事诉讼、行政诉讼、刑事诉讼三种途径，对侵犯商业秘密的行为采取维权行动，以保护商业秘密。

1. 人力资源风险防范

人是商业秘密的创造者、管理者，也是商业秘密泄露的主要渠道。美容医疗机构可以通过加强对员工的管理来减少商业秘密的泄露。

（1）入职管理。医疗美容行业的人才竞争日趋激烈，其一是技术人才，其二是经营人才，尤其是掌握市场渠道的经营人才。其中就有可能涉及侵犯商业秘密甚至构成刑事犯罪。在引进人才时，出发点应该是人才的能力，而非其背后的商业秘密资料。为了不引起不必要的麻烦，可以在劳动合同中设定不侵权承诺条款。另外，还可以在对员工的入职教育中，明确个人在办公电脑中禁止拷入非法资料，避免对美容医疗机构产生不利影响。

（2）离职管理。职工离职所带来的风险点在于离职员工可能带走美容医疗机构的商业秘密文件，以及离职前未办理知识产权工作交接，离职的技术核心人员开展同业竞争。

因此，美容医疗机构可以与劳动者在劳动合同中约定保守用人单位的商业秘密和与知识产权相关的保密事项，以保密协议作为劳动合同的附件，与劳动合同一并订立。在职工离职前完成脱密审查，离职时妥善进行知识产权工作交接，对于特殊人才或重要岗位的职工，在入职时或在职期间尽早签订竞业禁止协议。鉴于竞业禁止协议或者规定在实践中较难执行，对于特定项目，用人单位还可以与其签订专项保密协议以明确相关权利义务。

2. 档案管理风险防范

（1）商业秘密分级管理。美容医疗机构可以将商业秘密进行分级管理，如可将所有商业秘密分为"绝密"和"秘密"两级。绝密级的商业秘密是医美疗机构最重要的秘密，泄露会使美容医疗机构的重大合法权益遭受特别严重的损害；秘密级的商业秘密是美容医疗机构重要的秘密，泄露会使美容医疗机构的合法权益遭受损害。美容医疗机构可以根据需要确定和调整商业秘密的等级，并根据不同的保密级别确定保密措施和保密负责人。

（2）商业秘密文档管理。商业秘密文档包括纸质文档和电子文档。对于美容医疗机构商业秘密文档的制作、复制、传递、使用、销毁，应当制定一套具体的保密制度。商业秘密的文档包括正本和若干副本，副本与正本的保密级别相同。经登记备案，存放于保密柜中，由保密员妥善保管。

[参考案例] 某美容医疗机构侵犯商业秘密案

[基本案情] 原告系一家从事医疗美容服务的医疗机构，其一直非常重视商业秘密的保护，为此专门开发了客户关系管理系统（CRM系统）用于保护客户信息。被告王某系原告前员工，其在任职期间掌握了原告4505条客户信息。被

告王某非法使用原告的客户信息，并将客户崔某带到被告乙公司处进行整形美容的行为，侵犯了原告的经营秘密。

法院认为，首先，王某所利用的信息包括客户的名称、联系方式、就诊信息（如实施了"假体耳软骨隆鼻术"）、咨询内容、消费金额、消费意愿等，是原告与该客户保持长期稳定的服务关系中积累形成，不为所属领域相关人员普遍知悉和容易获得，具有秘密性。其次，该等信息可以反映出该客户对美容医疗服务的相关需求和价格承受能力，掌握这些信息就能够快速准确地对接客户进而达成交易，故该等信息具有价值性。再次，原告与员工签署了保密协议、竞业限制协议，并采用 CRM 系统管理客户信息，以密码方式限定涉密信息的知悉范围，因此认定原告已采取了相应的保密措施。最后，法院认为该客户信息具备商业秘密的构成要件，属于反不正当竞争法保护的商业秘密。最终，判决王某的行为侵犯了公司的商业秘密。

（四）专利侵权的风险

医疗美容行业的专利包括医疗器械、药品及其制造方法的发明专利、涉及医疗器械的实用新型专利以及外观设计专利，发明及实用新型专利要求具备新颖性、创造性和实用性。专利权最主要的风险是侵权和被侵权，专利研发及授权是所有知识产权类型中成本最高、要求最严格的，因此也要特别注意成本风险防范。

1. 产品研发过程中的专利侵权风险防范

美容医疗机构在研发、生产一个新产品时，应对该产品技术领域内的相关专利信息进行调研，分析该行业内的专利申请及产品创新情况，筛选出和自己即将研发生产的产品关联度较大的专利，评估企业自有研发、生产的产品有无侵犯他人专利权的可能性，避免盲目研发和生产。

2. 产品原材料及零部件采购的专利侵权风险防范

对于产品生产需要采购的产品的部分原材料及零部件，美容医疗机构也应作相关知识产权的调研，评估侵犯他人专利权的可能性，避免因采购零件等侵犯他人专利权而带来的维权纠纷，进而影响产品的生产和销售。

3. 产品推向市场前的专利侵权风险防范

专利具有地域性，随着世界经济一体化进程的推进，各个国家都将专利作为有效手段来保护本国企业的经济利益。因此，在自有产品拟推向市场之前，需先调研产品拟出口的国家地区此类产品的专利信息，评估产品侵犯当地专利权的风险，避免销售侵权产品，从而降低侵权风险以及避免对公司造成经济损失。

［参考案例］某美容医疗机构专利侵权案

［基本案情］原告系专利号为 ZL×××、名称为"美容用滚轮"的外观设

计专利的专利权人。原告发现被告一及被告二两公司未经许可，制造、销售、许诺销售的美容用滚轮涉嫌侵害涉案专利。

法院认为，原告是该美颜按摩器外观设计专利的专利权人，该专利与被控侵权产品卡酷尚迷你Y形美颜按摩器属于相同产品。经对比，被控侵权产品与涉案专利的整体形状相同，二者之间的不同部分在整体外观设计中所占比重较小或不易为消费者所注意，所以被控侵权产品尽管缺少上述设计特征，也不会影响到二者在整体视觉效果上的近似性。二者属于近似的外观设计，被控侵权产品属于涉案专利的保护范围。被告一实施了制造、销售及许诺销售被控侵权产品的行为，被告二实施了销售及许诺销售被控侵权产品的行为。两被告的上述行为均侵犯了原告对涉案专利享有的专利权，应承担停止侵害的民事责任。

四、刑事风险

（一）美容医疗机构设立环节的刑事风险

（1）美容医疗机构在成立过程中，若其在未取得特许经营许可的情况下开展特许经营活动，如尚未取得医疗器械经营许可和药品经营许可而经营肉毒素和玻尿酸等美容整形产品，将面临涉嫌非法经营的刑事法律风险。

[**参考案例1**] 王某非法经营犯罪案

[**基本案情**] 2016年至2020年5月，王某在未取得医疗机构执业许可、药品和医疗器械经营许可的情况下，通过微信招揽客户，为客户打"玻尿酸""水光针""瘦脸针"等美容针剂并收取费用，检察机关在释梦美颜馆等处，查获"肉毒素""玻尿酸""美白针"等药剂和注射器械。王某违反国家药品管理法律、法规，在未取得药品、医疗器械经营许可证的情况下，开展医疗美容执业活动并非法经营药品等，扰乱市场秩序，情节严重，其行为已构成非法经营罪。

[**参考案例2**] 兰某某非法经营犯罪案

[**基本案情**] 2016年8月至2020年6月，兰某某在未取得医疗机构执业许可、药品和医疗器械经营许可的情况下，通过微信招揽客户，为客户打"玻尿酸""水光针""瘦脸针"等美容针剂并收取费用，检察机关在其住处，查获"肉毒杆菌""透明质酸钠""透明质酸酶"等药剂和注射器械等。兰某某违反国家药品管理法律、法规，在未取得药品、医疗器械经营许可证的情况下，开展医疗美容执业活动并非法经营药品等，扰乱市场秩序，情节严重，其行为已构成非法经营罪。

（2）美容医疗机构未取得相关合法资质、未正常开张运营时即面向社会出售股权，以及运营后通过活动吸引投资群众签订返款协议投资的，单位和负责人将面临涉嫌非法吸收公共存款的刑事风险。

[参考案例1] 黄某非法吸收公众存款犯罪案

[基本案情] 黄某在长沙市筹建了湖南某美容医疗有限公司,在没有取得相关合法资质、公司没有正常开张运营的情况下,面向社会出售该公司股权,非法吸收资金340万元。法院经审理认定,黄某未取得相关合法资质、未正常开张运营时面向社会出售公司股权的行为构成非法吸收公众存款罪。

[参考案例2] 赵某非法吸收公众存款犯罪案

[基本案情] 某医疗美容公司及实际负责人赵某,通过举办"×12周年百万会员大型感恩盛典"活动和以该公司的名义与68名投资群众签订《借款担保合同》的形式,非法吸收公众存款共计2588万余元。法院经审理认为,被告单位医疗美容公司和该公司实际负责人赵某均构成非法吸收公众存款罪。

(二)美容医疗机构运营管理环节的刑事风险

(1)美容医疗机构以销售美容商品、提供美容服务为名开展"医美贷""美容贷"等形式的医美贷款运营模式,并由此衍生出虚构高薪岗位诱骗整形美容、虚构电子做单投资高额返利,甚至以公司化经营的方式成立诈骗集团组织等的,将面临涉嫌诈骗的刑事风险。

[参考案例1] 邹某诈骗犯罪案

[基本案情] 邹某伙同他人,以免费整形为诱饵,通过朋友圈、招聘广告等方式进行虚假宣传,诱骗被害人进行整形手术,并签订书面协议变相承诺向被害人返款,要求被害人在第三方平台分期贷款,之后再以各种理由拒绝返款的方式实施诈骗犯罪,先后诈骗50余名被害人共100余万元。法院经审理认为,邹某以免费提供美容服务的方式引诱消费者进行医美并承诺返款要求办理分期贷款后拒绝返款的行为,构成诈骗罪。

[参考案例2] 某美容医疗机构诈骗犯罪案

[基本案情] 美容医疗机构伙同他人利用信息网络虚构高薪岗位("发帖")吸引被害人前来应聘("聊户"),以被害人需提升形象气质为幌子("面试"),利用被害人寻求工作保障的需求,诱骗被害人到美容医疗机构("带户")进行巨额美容整形消费("面诊"),造成被害人巨大的经济损失。法院经审理认定构成诈骗罪。

[参考案例3] 以公司化经营方式的诈骗集团组织犯罪案

[基本案情] 胡某与柳某成立某公司后开发了"泰浪漫""泰太美""泰神奇"三个海外医疗项目,招聘多人任区域总监、经理、财务人员、外联人员、企划人员、医疗部员工等。聘请无医生资质人员乔某、何某冒充境外体检医院的教授参与,从而形成以海外医疗为幌子,公司化经营的诈骗集团组织。

除了上述案例,还有其他虚构事实的普通诈骗行为,如美容医疗机构员工明知不能提供口罩，仍通过网络发布销售口罩的虚假信息，诈骗他人订购口罩的贷款，数额巨大的，将构成诈骗罪；美容医疗机构负责人明知自己没有办理医师资格证资质仍以为被害人办理医师资格证为由诈骗被害人现金数万元，从而构成诈骗罪。

（2）美容医疗机构不依靠医美服务、医美产品盈利，而通过医疗美容服务或者医疗美容产品，直接或间接地发展层级下线，收取会员费牟利，涉嫌组织、领导传销活动的刑事犯罪。

［参考案例］杨某、晁某组织、领导传销活动犯罪案

［基本案情］杨某、晁某分别在山东省经营美容院，余某、林某在安徽省经营美容院，其在经营美容院过程中均推销KT公司生产的瑞倪维尔等产品。杨某、晁某、余某、林某等人组建群英体系，以KT公司生产的瑞倪维尔产品为依托开展传销活动，加盟者分别缴纳3220元、16 100元、32 200元购买产品后，即成为KT公司的初、中、高级会员，并有资格按照一定顺序组成层级发展下线牟利，共计可发展十层下线。群英体系自成立以来，积极发展人员，组织人员培训。法院经审理判决均构成组织、领导传销活动罪。

（3）美容医疗机构和直接负责的主管人员让他人为公司虚开增值税普通发票的，涉嫌虚开发票的刑事犯罪。

［参考案例］张某虚开发票犯罪案

［基本案情］张某在担任上海某医疗美容门诊部有限公司法定代表人、总经理，负责公司业务经营期间，在无真实业务的情况下，通过支付开票费方式，经孙某居间介绍，让陆某控制的公司为自己经营的医美公司虚开增值税普通发票共计5份，价税合计360万余元。法院经审理认为，被告单位原上海某医疗美容门诊部有限公司让他人为自己虚开增值税普通发票，其行为均已构成虚开发票罪；被告人张某系被告单位直接负责的主管人员，其行为亦构成虚开发票罪。

（三）美容医疗机构诊疗环节的刑事风险

（1）美容医疗机构开展医疗美容诊疗业务必须取得《医疗机构执业许可证》。美容医疗机构未取得《医疗机构执业许可证》开展诊疗活动、非医师开展医疗美容活动、机构和医师有许可证但超范围行医的，涉嫌非法行医的刑事犯罪。

［参考案例1］陈某非法行医犯罪案

［基本案情］2019年下半年，陈某在未依法取得医师资格证书、医师执业证书的情况下，非法从事行医活动，先后为周某、葛某、黄某等人实施提眉、祛眼袋等医疗美容手术，非法获利12 230元。法院经审理认定陈某未取得医生执业资格非法行医，情节严重，构成非法行医罪。

[**参考案例2**] **曾某非法行医犯罪案**

[**基本案情**] 曾某未取得医生执业资格非法行医,罗某为某医疗美容门诊部的经营者,应当知道隆乳手术的实施者必须具备医生资质,但其未认真审查曾某是否具有执业医生资格即聘请曾某为被害人实施隆乳手术,致被害人重伤一级成植物人,严重损害了被害人的身体健康,二人的行为均已构成非法行医罪。

[**参考案例3**] **蒋某非法行医犯罪案**

[**基本案情**] 蒋某在未取得《医师资格证书》及《医师执业证书》的情形下,为他人注射玻尿酸、溶解酶、瘦脸针、美白针、胎盘针、人胎素等美容针剂,造成他人六级伤残,情节严重,其行为已构成非法行医罪。

[**参考案例4**] **罗某某非法行医犯罪案**

[**基本案情**] 2019年至2021年,罗某某在未取得《医师执业证书》《医疗机构执业许可证》的情况下,非法从事医疗美容活动,为7名被害人进行隆胸、隆鼻、割双眼皮等医疗美容外科手术,导致上述被害人的身体遭受不同程度的损伤,并从中非法获利10.6万余元。其中,罗某某多次对被害人李某某实施抽取腿部脂肪隆胸手术,致李某某腿部麻木肿胀行走困难。经司法鉴定,李某某左下肢形成深静脉血栓,经手术治疗后,遗留左肢浅静脉中断闭塞,影响功能,认定为十级伤残,法院经审理认定,罗某某的行为已构成非法行医罪。

(2)不具有医师执业资格的医美从业者在诊疗过程中因过失损害他人身体健康致人重伤的,涉嫌过失致人重伤的刑事犯罪。

[**参考案例1**] **王某过失致人重伤犯罪案**

[**基本案情**] 美容院经营者王某在未取得医生执业资格的情况下,在哈尔滨市某美容院内擅自为被害人王某鼻部注射玻尿酸进行医疗美容,致王某颞顶枕叶多发脑梗死,右眼视网膜中央动脉阻塞,右眼球手术去除。经法医鉴定,王某头部损伤构成重伤二级,十级残;右眼部损伤构成重伤二级,七级伤残。法院经审理认定王某构成过失致人重伤罪。

[**参考案例2**] **焦某某过失致人重伤犯罪案**

[**基本案情**] 严某经姐姐的朋友介绍,联系焦某某为其注射玻尿酸。两天后,焦某某在某某商务大厦某房间,为严某在额部注射玻尿酸,致其脑梗死及颅内出血、左眼盲目5级。经法医鉴定,严某损伤程度综合评定为重伤二级,其重伤损伤与额部注射玻尿酸之间存在直接因果关系。焦某某明知自己不具有执业医师资格,不具备医疗美容技术,心存侥幸擅自实施注射玻尿酸这一专业的医疗行为,最终致使严某重伤,属于过于自信的过失,符合过失致人重伤罪的构成要件,法院经审理认定焦某某构成过失致人重伤罪。

(3)医美手术过程中非法实施麻醉进行医美手术,或未采取任何监护措施非法使用麻醉药品尤其是丙泊酚,致使患者出现不良反应甚至是死亡的严重后果的，涉嫌过失致人死亡的刑事犯罪。

[参考案例1] 张某过失致人死亡犯罪案

[**基本案情**] 张某作为执业医师应当预见到为被害人实施颞部脂肪注射填充手术可能会发生脂肪栓塞的后果，却因疏忽大意而未预见到，且未按照医疗美容临床技术操作规范的要求，对被害人进行术前检查，致使被害人死亡，张某的行为已构成过失致人死亡罪。

[参考案例2] 刘某过失致人死亡犯罪案

[**基本案情**] 刘某在自己经营的美容机构内对被害人汪某实施吸脂手术，向汪某体内注射利多卡因等药物，导致其急性药物中毒，后将汪某送至医院进行救治时，又不顾医生劝阻强行将被害人汪某接出医院，导致被害人汪某因药物中毒未及时获得有效医治而死亡，经法院审理认定其构成过失致人死亡罪。

（4）具有医师执业资格的诊疗人员在医美过程中严重不负责任，造成严重损害后果的，涉嫌医疗事故的刑事犯罪。

[参考案例1] 国某、张某医疗事故犯罪案

[**基本案情**] 国某在2018年才取得外科专业执业医师资格证书，根据《医疗美容服务管理办法》的规定，负责实施医疗美容项目的主诊医师应具有6年以上从事美容外科或整形外科等相关专业临床工作经历，国某于2019年实施医美手术明显不符合实施医疗美容项目的主诊医师条件。张某虽取得麻醉医师执业证书，但明知诊所不具备实施全麻资格仍开展诊疗活动。国某、张某的行为"严重违反国家法律法规及明确规定的诊疗技术规范、常规"，应当认定为在诊疗过程中严重不负责任。国某、张某在某美容外科诊所内对被害人杨某实施脂肪填充手术，造成被害人杨某死亡，病例经鉴定构成一级甲等医疗事故，医方负主要责任。最终法院认定国某、张某构成医疗事故罪。

[参考案例2] 李某某医疗事故犯罪案

[**基本案情**] 2021年10月5日，宁夏回族自治区中卫市A整形诊所执业助理医师李某某应银川市B整形医院邀请，在未在当地卫健部门注册执业的情况下，赴B整形医院对被害人梁某某实施"抽脂手术"。李某某未做术前评估、无手术进程记录、无用药处方及术后医嘱，亦未在相关医疗文书中签字。术后，梁某某在留观期间，出现疼痛、呕吐、神志不清等反应，李某某未及时到现场诊查，也未采取有效的抢救措施。2021年10月8日，梁某某经送其他医院抢救无效死亡。经宁夏法庭科学司法鉴定中心鉴定，梁某某符合"抽脂手术"后，继发左大腿坏死性筋膜炎，多器官功能衰竭死亡。经银川市医学会鉴定，本案医疗过失行为与患者死亡存在直接因果关系，该医疗事故等级为一级甲等医疗事故。最终法院认定李某某的行为构成医疗事故罪。

（四）美容医疗机构销售环节的刑事风险

（1）美容医疗机构未取得药品经营许可证销售假药，不管是否投入使用，被查获扣押认定为假药后，均涉嫌销售假药罪的刑事犯罪。

[参考案例] 某医疗美容有限公司销售假药犯罪案

[基本案情] ①明知是假药而有偿提供给他人使用：某医疗美容有限公司法定代表人、店长、股东作为单位直接负责的主管人员或其他直接责任人员，明知其为客户注射的"肉毒素""胎盘素"是假药而仍有偿提供给他人使用，其行为均已构成销售假药罪。

②未取得药品经营许可证的情况下，销售无国家进口药品批准文号的进口药物及医疗器械，涉嫌销售假药罪。

（2）将不合格的化妆品作为赠品与正装化妆品搭售，以此逃避监管，涉嫌生产、销售伪劣产品的刑事犯罪。

[参考案例] 美容医疗机构从业者高某生产、销售伪劣产品犯罪案

[基本案情] 美容医疗机构从业者高某购买含汞化妆品膏体，分别生产灌装含汞焕肌霜、焕颜霜化妆品后销售给被告单位某贸易公司，销售金额14万余元。胡某伙同他人将上述化妆品以赠品方式与正装化妆品捆绑，向代理商史某等人销售，销售金额20万余元。被害人张某从史某处购买上述化妆品使用造成肾损伤。经鉴定，送检的焕肌霜样品汞项目不符合《化妆品安全技术规范》。法院经审理认定构成生产、销售伪劣产品罪。

（3）美容医疗机构在未经注册商标所有人许可，销售明知是假冒注册商标的商品，涉嫌假冒注册商标、销售假冒注册商标的商品的刑事犯罪。

[参考案例] 李某某生产、销售假药犯罪，假冒注册商标犯罪，销售假冒注册商标的商品犯罪案

[基本案情] 2016年6月至2020年9月，李某某为非法获利，违反国家药品、商标管理法律法规，通过微信、支付宝账户购进假冒肉毒毒素、玻尿酸等美容产品，在朋友圈宣传、招揽客户。共计销售带包装和不带包装的各类美容药品200余万元。经对扣押的假冒肉毒毒素进行检验，未检出肉毒毒素成分，与国家药品标准规定的成分不符，河北省邢台市市场监督管理局认定系假药。该部分假冒肉毒毒素销售金额40余万元；假冒瑞蓝牌玻尿酸等产品销售金额10万余元。李某某无法提供商标授权许可，相关商标权利人分别出具情况说明，涉案保奥适牌、衡力牌肉毒毒素、瑞蓝牌玻尿酸等未经授权许可，为假冒注册商标的商品。最终法院经审理认定李某某构成生产、销售假药罪，假冒注册商标罪，销售假冒注册商标的商品罪。

(五) 医美行业刑事风险的防范

医美行业刑事风险的出现可能会让医美行业从业者的经营成本增加甚至面临牢狱之灾，因此亟须注重对医美行业刑事风险的化解和防控。

1. 美容医疗机构在设立过程中，应依法登记或备案，取得相应的资质证明文件后方可开展医疗美容活动

营利性美容医疗机构设置采取"先照后证"，即设立人应当先向所在地的市场监督管理部门申请企业名称，经预先核准后，领取《营业执照》。美容医疗机构在开展医美诊疗活动之前，必须根据其拟从事的诊疗服务范围，向卫生行政主管部门办理登记注册，以获得《设置医疗机构批准书》和《医疗机构执业许可证》。同时，美容医疗机构还应当根据《医疗机构管理条例》《医疗机构校验管理办法（试行）》等的规定，依法定期校验《医疗机构执业许可证》。

2. 美容医疗机构应严格审查从业人员的行业准入资质，避免非法行医

（1）负责实施医疗美容项目的主诊医师。主诊医师需经执业医师注册机关认证，取得《医师执业证书》。同时还需具备以下条件：①具有从事相关临床学科工作经历。其中，负责实施美容外科项目的应具有 6 年以上从事美容外科或整形外科等相关专业临床工作经历；负责实施美容牙科项目的应具有 5 年以上从事美容牙科或口腔科专业临床工作经历；负责实施美容中医科和美容皮肤科项目的应分别具有 3 年以上从事中医专业和皮肤病专业临床工作经历。②经过医疗美容专业培训或进修并合格，或已从事医疗美容临床工作 1 年以上。

不具备上述规定的主诊医师条件的执业医师，可在主诊医师的指导下从事医疗美容临床技术服务工作。

（2）从事医疗美容护理工作的人员。医疗美容护士经护士注册机关注册，取得《护士执业证书》。同时还需具备以下条件：①具有两年以上护理工作经历；②经过医疗美容护理专业培训或进修并合格，或已从事医疗美容临床护理工作 6 个月以上。

3. 美容医疗机构在运营管理上，应建立内部管理监督制度

美容医疗机构内部应该建立健全的内部管理制度，明确各部门的职责和工作流程，制定标准化的工作规范，加强对员工的培训和监督，确保业务操作符合法律法规的要求。美容医疗机构应当对从决策人员到执行人员进行全员培训，熟悉内部经营管理制度，加强内部监督自查，及时发现和纠正违法行为，及时化解刑事风险。

4. 美容医疗机构在诊疗过程中应规范医美药品销售、诊疗活动操作，做到医生、药品、器械、诊疗过程均符合专业要求和法律规定，尤其避免出现人身损害伤亡的结果

在医疗美容的过程中，避免使用不合法的假药、劣药，规范医美手术术前告知程序，沟通医疗方案、告知可能出现的风险后让顾客签字确认，以此减少医疗美容手术风险。

5. 建立财务合规制度，防范税务风险

美容医疗机构应当建立完善的内部财务合规制度，尤其是经营、财务合规管理制度，并对内部财务实施全方面管理，以确保企业发票利用、合同签订等经营行为的合法合规性。不仅如此，美容医疗机构还应当指定专门的财务人员以及合规管理人员，由专人负责企业内部经营所涉发票事务，通过指定合规管理人员，形成各部门、各专员之间相互制约、相互监督的规范机制，防范有关人员利用职权实施损害企业权益、甚至违法犯罪的行为。

美容医疗机构应当针对内部发票使用、管理等开展定期的财税、法律知识培训。通过对财税、法律知识的普及，夯实内部管理人员以及员工的财税基础和加强法律意识，使得美容医疗机构内部工作人员对税务违法行为的具体情形以及法律责任有所认知，从而避免相应犯罪行为的发生。

五、肖像权保护

在医疗尤其是医美行业从业过程中，美容医疗机构常常为了引流推广，在平面广告中大量使用明星肖像霸屏、在视频图片宣传中擅用手术前后对比照、在美容效果描述时不加处理患者声音等，这些看似常规操作的推广宣传，实质上是对接受医美服务一方或者明星的肖像权、隐私权等正当人格权利的肆意侵犯。

（一）美容医疗机构肖像权侵权案例

1. 美容医疗机构违反肖像许可使用合同案

2022年9月，刘女士为提升个人形象，前往M整形医院做了面部医美手术并签订《肖像权使用协议》，约定刘女士作为M整形医院整形美容的真人案例，为医院提供永久肖像使用权，同意医院使用刘女士遮挡眼部的术前术后对比照片对外展示手术效果，并在社交媒体平台发布。两个月后，刘女士发现M整形医院在社交媒体平台上发布多幅其本人眼部未经遮挡的宣传照片，经沟通处理无果，遂诉至法院。

法院认为，M整形医院在社交媒体平台上发布未将刘女士眼部进行遮挡的照片的行为，违反了协议约定，且构成肖像权侵权，判决医院书面赔礼道歉并赔偿相应损失。

2. 美容医疗机构擅用顾客手术对比照打广告案

2021年，妮妮找到某美容医疗机构进行面部修复。同年3月9日至4月11日，某美容医疗机构多次在其两个微信朋友圈发布其面诊视频，并伴有"这是从业这么多（年）美业有史以来被工作室打的最严重的苹果肌疯长的宝宝……接下来她可能要承担高额的修复费用"等配文。6月20日，某美容医疗机构又在微信朋友圈发布妮妮取苹果肌手术前后的视频，并配文"分享一组取苹果肌术前术后视频案例"，妮妮为此警告该机构不能发布上述视频。此外，美容医疗机构还在开启的直播中多次使用妮妮的面诊视频和术前术后照片作为案例，经妮妮多次警告仍不改正，为此妮妮向法院提起诉讼，要求该美容医疗机构赔礼道歉，并赔偿包括精神损害抚慰金在内共计5.3万元。

法院认为，美容医疗机构拍摄制作的涉案视频、涉案照片均清晰显示了妮妮完整的面部容貌，该行为构成制作、使用、公开妮妮的肖像；涉案视频、照片以及美容医疗机构配发的相关文字也披露了妮妮此前所做的相关医疗美容手术失败的信息，该行为构成泄露、公开妮妮的隐私。由于美容医疗机构的上述行为均未取得妮妮的同意，不属于法律规定的合理使用，故其已经构成侵害妮妮的肖像权、隐私权，最终法院判决支付妮妮经济损失赔偿款1万元、精神损害抚慰金1万元以及合理开支赔偿款0.3万元。

3. 美容医疗机构擅自使用明星肖像宣传案

2021年3月，厦门某医疗美容医院未经杨颖授权擅自张贴含有杨颖肖像、姓名的海报，海报上附有"欧菲18品牌盛典Angelababy倾情助力""欧菲18年感恩回馈特惠卡"等广告语，同时，厦门某医疗美容在其官方认证的微信视频号"厦门某医疗美容医院"中也发布了含有杨颖肖像、姓名的视频，为其经营的医疗美容业务进行商业宣传。杨颖并未授权其使用自己的肖像及姓名进行商业化宣传，也与厦门某医疗美容医院不存在任何合作关系。

法院认为，自然人享有姓名权、肖像权。本案中，据已查明的事实，认定厦门某医疗美容医院的行为属于未获得杨颖授权，以营利目的擅自使用杨颖肖像和姓名，构成对杨颖肖像权、姓名权的侵犯。最终，法院判决该公司在《人民法院报》上刊登向杨颖赔礼道歉的声明并赔偿经济损失50万元。

综上，医美行业中肖像权纠纷主要表现为美容医疗机构在其运营的网站、微信公众号等平台上发布的宣传文章、视频、广告中，利用名人效应或者真人案例来提高文章、视频、广告的点击量以达到宣传的目的，以及未经许可使用他人（尤其是女明星）的肖像照片。

（二）美容医疗机构使用局部肖像是否侵权？

肖像是以某个人为主体的面相或照片，或通过绘画、摄影、雕刻、录像、电影等艺术手段，在物质载体上再现某一个自然人的相貌特征。肖像的特征具有完整、清晰、直观、可辨的形象再现性或称形象标识性。

如果某个面相、照片等载体的内容不能再现原形人的相貌综合特征，或者案例图只有鼻子和嘴等局部，不是完整的特定人形象，不能反映特定人相貌的综合特征，不能引起一般人产生与原形人有关的思想或感情活动，一般人不能凭直观清晰辨认该内容为某一自然人的形象，这样的载体不能称为肖像，也不能要求美容医疗机构就此进行赔偿。

（三）肖像权侵权不再需要以"营利为目的"

我国法律保护包括肖像权在内的人格权，任何组织或个人不得侵害。为加大对肖像权保护的力度，《民法典》对肖像权侵权行为的构成作出了有别于《民法通则》（已废止）的规定。《民法典》中，侵犯他人肖像权不以"营利目的"为构成要件，只要未经许可制作、使用、公开他人肖像，即构成侵权。美容医疗机构在宣传过程中未经患者或者明星同意擅自使用他人肖像的行为，就是严重侵害他人肖像权的典型表现。

肖像权最常见的权利表现为：（1）自然人许可他人使用自己的肖像并从中获得利益的权利；（2）自然人在肖像权被侵害时依法维护自身权益的权利。因此，当肖像权受到侵害时，权利人有权通过司法途径维权。

（四）合规建议

美容医疗机构未经许可不得使用他人肖像，若在宣传推广文章、信息中未经他人许可使用了其肖像，一旦被起诉进入诉讼程序后，大概率都会被判决承担相应的民事责任。因此，如果医美行业需要使用客户的肖像进行宣传，应当与肖像权人达成合意并签订《肖像权使用授权合同书》。同时，美容医疗机构在发布医美广告时不得利用患者形象作证明，若滥用上述视频和照片进行公开宣传，则可能受到有关执法部门的行政处罚。

因此，美容医疗机构在日常经营活动中应重视对肖像权人的权利保护，以规避相应的法律风险。笔者建议从以下五个方面来防范：

（1）诊疗工作。整形外科诊疗时，需注意规避将患者照片等肖像权内容归入病历；若肖像信息必不可少，则需获取权利人的书面授权。同时，还注意避免肖像信息的不正当公开情形。

（2）学术交流活动。医美从业者在交流活动中需展现患者手术形象的，应提前获取权利人的同意，并留存书面证据。使用或公开时，行为人应对肖像进行模糊、遮挡等技术处理。

（3）对外宣传。拍摄宣传照片、视频时，美容医疗机构应保护出镜人员，包括患者及参与人员的肖像信息，征求肖像权人的书面同意，并留存书面证据。

（4）网络风险防范。美容医疗机构应建立健全数字化风险防范系统，指定专业人员对该系统进行定期检查、维护，并根据互联网及数字化的发展及时进行系统更新及漏洞修补。

（5）声音、姓名保护。美容医疗机构还需特别注意对患者声音、姓名等权利的尊重和保护。如录制患者分享自身成功经验的音频时，应对患者的声音进行技术处理，以消除患者声音的可识别性。

[法律规范]

①《中华人民共和国民法典》第一千零一十八条

自然人享有肖像权，有权依法制作、使用、公开或者许可他人使用自己的肖像。肖像是通过影像、雕塑、绘画等方式在一定载体上所反映的特定自然人可以被识别的外部形象。

②《民法典》第一千零一十九条

任何组织或者个人不得以丑化、污损，或者利用信息技术手段伪造等方式侵害他人的肖像权。未经肖像权人同意，不得制作、使用、公开肖像权人的肖像，但是法律另有规定的除外。

未经肖像权人同意，肖像作品权利人不得以发表、复制、发行、出租、展览等方式使用或者公开肖像权人的肖像。

③《民法典》第一千零二十条

合理实施下列行为的，可以不经肖像权人同意：

（一）为个人学习、艺术欣赏、课堂教学或者科学研究，在必要范围内使用肖像权人已经公开的肖像；

（二）为实施新闻报道，不可避免地制作、使用、公开肖像权人的肖像；

（三）为依法履行职责，国家机关在必要范围内制作、使用、公开肖像权人的肖像；

（四）为展示特定公共环境，不可避免地制作、使用、公开肖像权人的肖像；

（五）为维护公共利益或者肖像权人合法权益，制作、使用、公开肖像权人的肖像的其他行为。

④《民法典》第一千零二十一条

当事人对肖像许可使用合同中关于肖像使用条款的理解有争议的，应当作出有利于肖像权人的解释。

⑤《民法典》第一千零二十二条

当事人对肖像许可使用期限没有约定或者约定不明确的，任何一方当事人可以随时解除肖像许可使用合同，但是应当在合理期限之前通知对方。

当事人对肖像许可使用期限有明确约定，肖像权人有正当理由的，可以解除肖像许可使用合同，但是应当在合理期限之前通知对方。因解除合同造成对方损失的，除不可归责于肖像权人的事由外，应当赔偿损失。

六、数据信息安全

医疗大数据产业作为国家最早布局和推动数据要素市场的行业，正在进入飞速发展的时期。医疗美容作为医疗细分领域之一，其数据信息安全问题同样应当受到关注。医疗美容领域涉及的数据信息主要包括病历档案、消费者的个人信息及人像信息三个方面。其中病历档案和人像信息已在前文详细叙述。本节重点来讨论医疗美容行业中消费者个人信息的安全问题。

因医疗美容行业属于消费医疗行业，客源是每一个美容医疗机构的生命线，所以客户信息可以为美容医疗机构带来经济利益。然而对美容医疗机构来说，不仅获客难度大，而且客户获取和维护的成本也很高。客户信息一般只有美容医疗机构的员工才能获取，但是美容医疗机构人员流动性强，客户信息可能随着人员流动而流失。那么，如果员工或者离职员工泄露客户信息，美容医疗机构该如何维权？同时，美容医疗机构在日常运营过程中，该如何保护客户的个人信息，防止因自身行为而侵害客户的个人信息？

（一）客户信息构成商业秘密的法律分析

1. 客户信息属于商业秘密

商业秘密是不为公众所知悉、具有商业价值并经权利人采取相应保密措施的技术信息、经营信息等商业信息。商业秘密具有秘密性、价值性和保密性。秘密性是指商业信息不为所属领域的相关人员普遍知悉和容易获得；价值性是指商业信息具备不为公众所知悉而具有现实的或者潜在的商业价值；保密性是指权利人为防止商业秘密泄露，在被诉侵权行为发生以前采取了合理的保密措施。

根据法律法规的规定，客户的名称、地址、联系方式以及交易习惯、意向、内容等客户信息均属于商业秘密。但需要注意的是，当事人仅以与特定客户保持长期稳定交易关系为由，主张该特定客户属于商业秘密的，人民法院不予支持。客户基于对员工个人的信赖而与该员工所在单位进行交易，该员工离职后，能够证明客户自愿选择与该员工或者该员工所在的新单位进行交易的，人民法院应当认定该员工没有采用不正当手段获取权利人的商业秘密。

2. 泄露客户信息被认定为构成侵犯商业秘密的审判标准

（1）关于秘密性。客户信息包括名称、联系方式、就诊信息、咨询内容、消费金额、消费意愿等，系医疗机构在与客户保持长期稳定的服务关系中积累形成的，为所属领域相关人员普遍知悉和容易获得，尤其是美容医疗行业中，客户的就诊情况、偏好倾向、消费意愿等信息本就具备相当的隐私性，无法从公共渠道获取，故具有秘密性。

（2）关于价值性。美容医疗机构为客户提供服务，其过往就诊信息及消费记录，能够反映出该客户对美容医疗服务的相关需求和价格承受能力，掌握这些信息就能够快速准确地对接客户进而达成交易，从而为相关主体带来经济利益，故上述信息具有价值性。

（3）关于保密性。美容医疗机构为防止信息泄露，往往会采取与其员工签订劳动合同、竞业禁止协议、保密协议等保密措施，因此客户信息具有保密性。

（二）美容医疗机构如何保护客户的个人信息

1. 建立客户信息保密制度

首先，美容医疗机构应当建立客户信息保护制度，并且进行公示。其次，对员工做好相应的入职以及在职管理。最后，对企业的客户信息载体采取保密措施，比如对涉密计算机进行锁定、对涉密载体进行编码管理等。

2. 加强信息存储系统的运维安全

运维安全是指系统在日常运行维护过程中的安全，包括权限控制、操作审计等。由于大多数美容医疗机构在信息化方面并非专业机构，信息化方面的能力相对较弱，因此急需一支可信的、成熟的信息化团队来帮助美容医疗机构维护信息系统的日常运行。在系统运行维护过程中，应当从内、外部两个角度进行保护，从外部角度，应积极构建安全防护体系，以保证数据信息安全；从内部角度，应加强审计，做到权责分明、责任到人，操作有痕迹、事事可追溯，从而降低内部被攻破的可能性。

3. 对接触客户个人信息的员工采取保密措施

大部分情况下客户信息的泄露主要是由于美容医疗机构员工泄露了客户信息，因此，美容医疗机构应对员工采取保密措施进行管理。首先，应在员工的入职过程中对其进行背景调查，尤其是高级管理人员，调查的内容包括但不限于与原单位之间是否存在竞业限制、保密义务的情况。其次，企业在与员工签署劳动合同的同时还应签署相应的保密协议以及竞业限制条款，释明保密义务的内容、范围、期限以及责任等，并告知员工美容医疗机构的相关保密制度，让员工书面确认和遵守机构的规章制度，美容医疗机构做好签约记录，保存留档。最后，在员工离职或退休时应当做好专门的材料交接工作，明示员工不得复制、毁损资料，不得披露、使用或者允许他人使用所知悉的客户信息，对此类客户信息负有保密义务，必要时可对员工设定脱密期并采取脱密措施。

[法律规范]

①《民法典》第一千零三十二条第一款

自然人享有隐私权。任何组织或者个人不得以刺探、侵扰、泄露、公开等方式侵害他人的隐私权。

②《民法典》第一千零三十四条

自然人的个人信息受法律保护。个人信息是以电子或者其他方式记录的能够单独或者与其他信息结合识别特定自然人的各种信息，包括自然人的姓名、出生日期、身份证件号码、生物识别信息、住址、电话号码、电子邮箱、健康信息、行踪信息等。

个人信息中的私密信息，适用有关隐私权的规定；没有规定的，适用有关个人信息保护的规定。

③《民法典》第一千零三十八条

信息处理者不得泄露或者篡改其收集、存储的个人信息；未经自然人同意，不得向他人非法提供其个人信息，但是经过加工无法识别特定个人且不能复原的除外。

④《民法典》第一千二百二十六条

医疗机构及其医务人员应当对患者的隐私和个人信息保密。泄露患者的隐私和个人信息，或者未经患者同意公开其病历资料的，应当承担侵权责任。

⑤《公民个人信息保护法》第二十八条

敏感个人信息是一旦泄露或者非法使用，容易导致自然人的人格尊严受到侵害或者人身、财产安全受到危害的个人信息，包括生物识别、宗教信仰、特定身份、医疗健康、金融账户、行踪轨迹等信息，以及不满十四周岁未成年人的个人信息。

只有在具有特定的目的和充分的必要性，并采取严格保护措施的情形下，个人信息处理者方可处理敏感个人信息。

⑥《公民个人信息保护法》第二十九条

处理敏感个人信息应当取得个人的单独同意；法律、行政法规规定处理敏感个人信息应当取得书面同意的，从其规定。

⑦《公民个人信息保护法》第三十条

个人信息处理者处理敏感个人信息的，除本法第十七条第一款规定的事项外，还应当向个人告知处理敏感个人信息的必要性以及对个人权益的影响；依照本法规定可以不向个人告知的除外。

⑧《刑法》第二百五十三条之一

违反国家有关规定，向他人出售或者提供公民个人信息，情节严重的，处三年以下有期徒刑或者拘役，并处或者单处罚金；情节特别严重的，处三年以上七年以下有期徒刑，并处罚金。

违反国家有关规定，将在履行职责或者提供服务过程中获得的公民个人信息,出售或者提供给他人的,依照前款的规定从重处罚。

窃取或者以其他方法非法获取公民个人信息的,依照第一款的规定处罚。

单位犯前三款罪的,对单位判处罚金,并对其直接负责的主管人员和其他直接责任人员,依照各该款的规定处罚。

⑨《基本医疗卫生与健康促进法》第九十二条

国家保护公民个人健康信息,确保公民个人健康信息安全。任何组织或者个人不得非法收集、使用、加工、传输公民个人健康信息,不得非法买卖、提供或者公开公民个人健康信息。

⑩《基本医疗卫生与健康促进法》第一百零一条

违反本法规定,医疗卫生机构等的医疗信息安全制度、保障措施不健全,导致医疗信息泄露,或者医疗质量管理和医疗技术管理制度、安全措施不健全的,由县级以上人民政府卫生健康等主管部门责令改正,给予警告,并处一万元以上五万元以下的罚款;情节严重的,可以责令停止相应执业活动,对直接负责的主管人员和其他直接责任人员依法追究法律责任

[参考案例1] 侵害商业秘密案

[基本案情] 原告(某美容医院)系一家从事医疗美容服务的医疗机构,其一直非常重视对商业秘密的保护,对此原告所属的某整形集团专门开发了客户关系管理系统(CRM系统)用于保护客户信息。被告王某系原告前员工,于2015年8月18日入职,其在任职期间掌握了原告4505条客户信息。崔某于2015年成为原告客户,2019年2月,崔某向原告反映,其于2019年1月30日被王某欺骗并被带到被告某公司进行了整形手术,且术后出现鼻尖过高、鼻孔变形、通气不畅、鼻音加重等情况。原告认为,被告王某非法使用原告的客户信息,并将客户带到被告某公司处进行整形美容的行为,侵犯了原告的经营秘密,请求两被告停止侵权,并承担连带赔偿责任300万元。两被告辩称,未侵害原告的商业秘密,不构成侵权;该客户信息不构成商业秘密。

后江苏省南京市中级人民法院经审理认为,原告主张的单个客户信息构成商业秘密,其前员工被告王某利用客户信息,构成对前雇主的侵权。

[参考案例2] 侵犯公民个人信息罪案

[基本案情] 2020年4月起,被告人辛某为牟利,利用其在S医疗美容公司担任网络客服、为顾客提供咨询服务等便利条件,获取了包括电话、整容意向等在内的顾客信息,并私自将上述信息提供给Y文化传播公司运行的网络平台(以下简称"Y平台"),由Y平台将信息派发给与其合作的其他美容医疗机构来招揽顾客。顾客在Y平台成功消费后,辛某将会获取消费额一定比例的佣金

返利。

经查，辛某在Y平台以代理身份共发布顾客信息6000余条，其中达成消费项目的共计55条，辛某非法获利共计37.9万余元。2021年3月，被告人辛某被民警抓获。法院审理期间，辛某自愿认罪认罚，并在亲属的帮助下退出违法所得15万元。

上海市杨浦区人民法院经审理认为，被告人辛某违反国家有关规定，将在履行职责或者提供服务过程中获得的公民个人信息提供给他人，情节特别严重，其行为已构成侵犯公民个人信息罪，应从重处罚。辛某到案后如实供述自己的罪行，退出部分违法所得，且自愿认罪认罚，依法可以从轻处罚。

第三章

美容医疗机构运营合规风险及建议

第一节　业务合同

2023年4月，为规范医疗美容服务行为，促进医疗美容行业规范健康持续发展，维护消费者的合法权益，市场监管总局制定发布了《医疗美容消费服务合同（示范文本）》（以下简称"示范文本"）。示范文本的发布，让医疗美容消费服务合同签订有据可依、有据可查。随后，为保障消费者的合法权益，多地陆续开展医美服务合同格式条款专项整治活动。

在医疗美容领域，医美服务合同中通常存在较多的格式条款，美容医疗机构应尽量避免合同中出现不公平、不合理的格式条款，否则这些条款将会被认定为无效。

一、格式条款的定义及无效情形

格式条款是指当事人为了重复使用而预先拟订，并在订立合同时未与对方协商的条款。格式条款具有以下三个特征：第一，具有不可协商性；第二，具有长期、重复使用的特征；第三，缔约双方的地位具有不平等性。

（一）格式条款无效的情形

根据《民法典》第四百九十七条的规定："有下列情形之一的，该格式条款无效：（一）具有本法第一编第六章第三节和本法第五百零六条规定的无效情形；（二）提供格式条款一方不合理地免除或者减轻其责任、加重对方责任、限制对方主要权利；（三）提供格式条款一方排除对方主要权利。"

从以上规定可知，格式条款的无效情形主要分为三类：一是格式条款符合民事法律行为无效的一般规定，如违反法律、法规的强制性规定，违反公序良俗等。二是格式条款显失公平，如不合理地免除或者减轻自身责任、加重对方责任、限制对方主要权利，或是提供格式条款一方排除对方的主要权利。尽管法律本身并不排斥在合同拟订中具有一定倾向性，如限制己方责任、排斥对方权利，但不可超过合理限度。三是特定的免责条款无效，主要表现在对造成对方人身损害的或因故意或者重大过失造成对方财产损失的免责约定无效。

（二）美容医疗机构的"说明义务"

根据《民法典》第四百九十六条的规定，美容医疗机构作为格式条款的提供方，应根据法律的规定履行说明义务。具体而言：（1）提供格式条款的一方应当遵循公平原则确定当事人之间的权利和义务；（2）采取合理的方式提示对方注意与对方有重大利害关系的条款以免除或者减轻其责任等；（3）按照对方的要求，对该条款予以说明。美容医疗机构如果未履行提示或者说明义务，致使对方没有注意或者理解与其有重大利害关系的条款的，对方可以主张该条款不构成合同的内容。

二、医美领域常见的不公平格式条款及风险提示

（一）单方面约定预付卡（充值卡）有效期，超期视为自动放弃权利，余额概不退还

例如：本卡充值有效期为1年，自2021年6月1日起至2022年5月31日止，超过期限视作自动放弃，余额不退。

[法律分析]

在充值卡等预付式消费中，卡到期后，消费者事先预存的费用仍属于持卡人所有，商家没有权力将卡内余额据为己有。超过期限后"视作自动放弃"的约定属于利用格式条款排除或者限制消费者取回钱款的权利、减轻或者免除经营者的退款责任，侵害了消费者的财产所有权，因此该条款内容无效。

[法律依据]

《消费者权益保护法》第十六条第三款

经营者向消费者提供商品或者服务，应当恪守社会公德，诚信经营，保障消费者的合法权益；不得设定不公平、不合理的交易条件，不得强制交易。

《消费者权益保护法》第二十六条第二、第三款

经营者不得以格式条款、通知、声明、店堂告示等方式，作出排除或者限制消费者权利、减轻或者免除经营者责任、加重消费者责任等对消费者不公平、不合理的规定，不得利用格式条款并借助技术手段强制交易。

格式条款、通知、声明、店堂告示等含有前款所列内容的，其内容无效。

《单用途商业预付卡管理办法（试行）》第十九条

记名卡不得设有效期；不记名卡有效期不得少于3年。发卡企业或售卡企业对超过有效期尚有资金余额的不记名卡应提供激活、换卡等配套服务。

（二）单方约定医美手术费、医疗费等一律不退，免除了经营者对提供的商品或者服务依法应当承担的保证责任

例如：由于个人审美观点不同和现行水平所限，手术往往不能达到患者理想中的效果，若出现某些不足，且符合修复条件，本院免费负责修复，手术费、医疗费一律不退。

[法律分析]

上述条款表述不清晰、不明确，没有可操作性，一旦发生纠纷，会成为经营者推卸法定责任的理由。经营者是否承担退、赔责任应依据其是否遵守医疗美容技术操作规程、是否严格履行合同义务等进行综合判断，而不能通过格式条款约定来减轻法定责任。

[法律依据]

《民法典》第一千二百一十八条

患者在诊疗活动中受到损害，医疗机构或者其医务人员有过错的，由医疗机构承担赔偿责任。

《消费者权益保护法》第十一条

消费者因购买、使用商品或者接受服务受到人身、财产损害的，享有依法获得赔偿的权利。

（三）经营者通过设置严苛附加条件推卸自身责任，增加消费者的负担

例如：疗程结束后，为保证祛斑效果不易反弹，顾客需不间断使用保养液、调肤啫喱，巩固疗程效果，治疗结束后没有配合长期使用后期保养产品而导致斑反弹的，本院概不负责；在祛斑和保养期间，顾客必须严格按照我院提供的《保养液使用说明书》附件内容认真操作。如不按照附件内容的要求进行操作，产生的一切后果，由顾客自负。

[法律分析]

美容医疗机构设定严苛的美容术后保养条件，实际是将治疗效果不佳的责任转嫁给消费者，消费者稍有不符合列明的情况，经营者即可据此免责，或减轻自身责任。而且，根据此条款，消费者必须不间断购买、使用经营者出售的产品，否则一切后果由消费者自负，此种约定明显不合理地加重了消费者负担，减轻了美容医疗机构的责任。

[法律依据]

《民法典》第七条

民事主体从事民事活动，应当遵循诚信原则，秉持诚实，恪守承诺。

《民法典》第四百九十七条

有下列情形之一的，该格式条款无效：

（一）具有本法第一编第六章第三节和本法第五百零六条规定的无效情形；

（二）提供格式条款一方不合理地免除或者减轻其责任、加重对方责任、限制对方主要权利；

（三）提供格式条款一方排除对方主要权利。

《民法典》第一千二百一十九条

医务人员在诊疗活动中应当向患者说明病情和医疗措施。需要实施手术、特殊检查、特殊治疗的，医务人员应当及时向患者具体说明医疗风险、替代医疗方案等情况，并取得其明确同意；不能或者不宜向患者说明的，应当向患者的近亲属说明，并取得其明确同意。

医务人员未尽到前款义务，造成患者损害的，医疗机构应当承担赔偿责任。

《消费者权益保护法》第八条第一款

消费者享有知悉其购买、使用的商品或者接受的服务的真实情况的权利。

（四）购买产品和服务时享有优惠，但是退款时经营者一律按照商品和服务的原价抵扣费用

例如：您在本中心所购买的项目均享受本中心会员优惠价格。如会员遇到不可抗拒因素需要退款，公司将此情况视为会员自动放弃其会员身份。因此退卡的顾客将不再享受本中心专门为会员提供的优惠待遇。退卡时需要按本中心项目单次的价位予以扣除消耗款项，包括赠送的会员产品和疗程。

[法律分析]

双方的合同合法成立生效后，对双方当事人均具有法律约束力，如果需解除合同退款，则应根据具体情况进行分析。如果是因消费者主观原因需要解除合同，那么应按合同约定的违约条款执行，而且约定的违约金不应超过造成的损失；如果是因经营者不按约定提供产品或服务等解除合同，那么经营者应按优惠消费后剩余的金额予以退款，并赔偿消费者的损失；如果是因为不可抗力解除合同，则应按不可抗力的法律规定予以解决。

[法律依据]

《民法典》第五百零九条第一、第二款

当事人应当按照约定全面履行自己的义务。

当事人应当遵循诚信原则，根据合同的性质、目的和交易习惯履行通知、协助、保密等义务。

《民法典》第五百八十四条

当事人一方不履行合同义务或者履行合同义务不符合约定，造成对方损失的，损失赔偿额应当相当于因违约所造成的损失，包括合同履行后可以获得的利益；但是，不得超过违约一方订立合同时预见到或者应当预见到的因违约可能造成的损失。

《消费者权益保护法》第五十三条

经营者以预收款方式提供商品或者服务的，应当按照约定提供。未按照约定提供的，应当按照消费者的要求履行约定或者退回预付款；并应当承担预付款的利息、消费者必须支付的合理费用。

（五）单方面规定美容院对签订的合同有唯一解释权，排除消费者解释的权利，失去公平性与合法性

例如：以上条款如有异议协商解决，特殊情况，双方可保留求助法律的权利。本店保留本协议的最终解释权。

[法律分析]

根据法律规定，上述条款由美容院事先拟订并重复使用，且在签订合同时未与消费者协商，属于格式合同条款。对格式条款的理解发生争议的应按通常的理解予以解释，而对格式条款的解释应遵循公平、诚实的原则，存在两种以上解释的，基于提供格式条款一方的优势，法院通常会作出对其不利的解释，而非美容院具有唯一解释权。

[法律依据]

《民法典》第四百九十七条

有下列情形之一的，该格式条款无效：

（一）具有本法第一编第六章第三节和本法第五百零六条规定的无效情形；

（二）提供格式条款一方不合理地免除或者减轻其责任、加重对方责任、限制对方主要权利；

（三）提供格式条款一方排除对方主要权利。

《民法典》第四百九十八条

对格式条款的理解发生争议的，应当按照通常理解予以解释。对格式条款有两种以上解释的，应当作出不利于提供格式条款一方的解释。格式条款和非格式条款不一致的，应当采用非格式条款。

《最高人民法院关于审理网络消费纠纷案件适用法律若干问题的规定（一）》第一条

电子商务经营者提供的格式条款有以下内容的，人民法院应当依法认定无效：

（三）电子商务经营者享有单方解释权或者最终解释权；

《合同违法行为监督处理办法》第十一条

经营者与消费者采用格式条款订立合同的，经营者不得在格式条款中排除消费者下列权利：

……

（四）解释格式条款的权利；

……

（六）利用不公平格式条款加重消费者责任

例如：术后原有疾患仍会持续进展或可能诱发原有疾患，甚至加重……患者需理解，并需自行到相应专科检查治疗，费用自理；患者自己承担可能达不到预期水平，或不能满足患者的期望，甚至可能发生无法预料或者不能防范的不良后果和医疗风险。

[法律分析]

因消费者隐瞒自身疾病、体质等特殊因素，导致术后无法达到理想效果甚至引发疾病的，消费者应当承担相应责任。但是，若因经营者、医师未尽到合理审查义务，导致术后无法达到理想效果或引发疾病，则不能免除经营者、医师的责任。以上条款均约定由消费者自行承担责任，有减轻或者免除经营者责任之嫌。

[法律依据]

《民法典》第四百九十七条

有下列情形之一的，该格式条款无效：

……

（二）提供格式条款一方不合理地免除或者减轻其责任、加重对方责任、限制对方主要权利；

……

《消费者权益保护法》第二十六条第二款

经营者不得以格式条款、通知、声明、店堂告示等方式，作出排除或者限制消费者权利、减轻或者免除经营者责任、加重消费者责任等对消费者不公平、不合理的规定，不得利用格式条款并借助技术手段强制交易。

第二节　股权转让

美容医疗机构在日常经营管理中常常会涉及股权转让，股权转让作为一种重要的经营手段，可以帮助美容医疗机构寻求新的发展机遇，提高资金运作效率，促进内部人员的协作与发展，满足机构扩张与承继等需求。然而，股权转让过程中，涉及诸多法律、管理方面的问题，需要投资者和美容医疗机构做好必要的准备和协调以确保股权转让过程合法、合规。

一、股权转让的流程

法律尽职调查 → 股权评估 → 意向书签订 → 协议签订 → 股权过户 → 股权变更登记

图 3-1　股权转让流程

（1）法律尽职调查。股权转让前，对美容医疗机构及人员资质是否合法有效、医疗产品是否存在缺陷、书写病历是否规范、医美手术是否操作恰当、是否存在欺诈及虚假宣传等进行调查，并对上述情形进行真实、全面、有效的披露。

（2）股权评估。在股权转让过程中，股权评估是至关重要的一步。评估公司将根据美容医疗机构的财务数据、市场前景、整体价值等多个因素，对美容医疗机构的股权进行评估，从而为后续的转让提供参考依据。

（3）意向书签订。在确定股权转让意向后，买方和卖方将签订意向书，明确买卖的主要条款和条件，包括转让价格、交割方式等相关内容。

（4）协议签订。意向书签订后，双方将正式签署股权转让协议。协议中包括双方的权利义务、价格支付方式、违约责任等内容，对双方的权益进行保护。

（5）股权过户。经过股权转让协议的约定，卖方将完成股权的转让，进行股权过户。

（6）股权变更登记。股权过户后应办理股权变更登记，登记完成后，买方将成为美容医疗机构的新股东，享有相应的权益。

以上流程为股权转让过程中的一般操作流程，实践中，具体股权转让的流程可按照具体项目和进度的安排进行灵活调整。

二、法律尽职调查的关注要点

根据我国现有的医美监管规定及法院发布的白皮书披露的主要问题，本书从行业特性探讨美容医疗机构股权转让前法律尽职调查应关注的一些要点，具体如下：

（一）资质许可方面

国家对医美服务采取了较为严格的监管措施，要求美容医疗机构及相关医师、护士等人员必须达到法律规定的标准才能从事医疗美容服务，包括但不限于美容医疗机构应取得医疗机构执业许可、有明确的医疗美容诊疗服务范围，医师及护士应取得执业证书、经过医疗美容专业培训或进修并合格、已从事医疗美容临床工作一定期间以上，使用符合法律要求、取得注册证的药品、医疗器械，发布的医疗广告需取得审查证明等。

美容医疗机构在资质许可方面面临的部分主要法律风险行为及处罚如表 3-1 所示。

表 3-1　美容医疗机构资质许可相关的法律风险

法律风险行为	法律规定	处罚
未取得《医疗机构执业许可证》或者"诊所备案凭证"	《中华人民共和国基本医疗卫生与健康促进法》	责令停止执业活动，没收违法所得和药品、医疗器械，并处罚款
	《医疗机构管理条例》	责令改正，没收违法所得，并处罚款；拒不改正的，责令停止执业活动
诊疗活动超出登记或者备案范围	《医疗机构管理条例》	警告、责令改正，没收违法所得，并可以处罚款；情节严重的，吊销《医疗机构执业许可证》或者责令停止执业活动
使用非卫生技术人员从事医疗卫生技术工作	《医疗机构管理条例》	责令限期改正，并可以处罚款；情节严重的，吊销《医疗机构执业许可证》或者责令停止执业活动
使用假药、劣药	《药品管理法》	根据情节严重程度，责令限期改正，给予警告；或者没收违法销售的药品和违法所得，责令停产停业整顿，吊销药品经营许可证，并处罚款
使用不符合强制性标准、未依法注册的医疗器械	《医疗器械监督管理条例》	责令改正，没收违法经营使用的医疗器械，并处罚款；情节严重的，责令停产停业，直至吊销医疗器械经营许可证
违反规定发布医疗广告	《医疗广告管理办法》	责令限期改正，给予警告；情节严重的，可以责令停业整顿、吊销有关诊疗科目，直至吊销《医疗机构执业许可证》

(二) 医疗质量方面

医疗质量是指在现有医疗技术水平、能力及条件下，医疗机构及其医务人员在临床诊断及治疗过程中，按照职业道德及诊疗规范要求，给予患者医疗照顾的程度。医疗质量管理是医疗管理的核心。美容医疗机构是医疗质量管理的第一责任主体，其应当全面加强医疗质量管理，保障医疗美容安全。

美容医疗机构在医疗质量方面面临的部分主要法律风险行为及处罚如表3-2所示。

表3-2 美容医疗机构医疗质量相关的法律风险

法律风险行为	法律规定	处罚
未按规定告知患者病情、医疗措施、医疗风险、替代医疗方案等；未按规定填写、保管病历资料	《医疗纠纷预防和处理条例》	责令改正，给予警告，并处罚款；情节严重的，对直接负责的主管人员和其他直接责任人员给予或者责令给予降低岗位等级或者撤职的处分，对有关医务人员可以责令暂停1个月以上6个月以下执业活动；构成犯罪的，依法追究刑事责任
医师在提供医疗卫生服务过程中，未按照规定履行告知义务或者取得知情同意；医师违反法律、法规、规章或者执业规范的规定，造成医疗事故或者其他严重后果	《医师法》	责令改正，给予警告；情节严重的，责令暂停6个月以上1年以下执业活动，直至吊销医师执业证书
护士发现患者病情危急未立即通知医师的；护士发现医嘱违反法律、法规、规章或者诊疗技术规范的规定，未依照规定提出或者报告的	《护士条例》	责令改正，给予警告；情节严重的，暂停其6个月以上1年以下执业活动，直至吊销护士执业证书

(三) 经营管理方面

在经营管理方面，一些医美服务机构出于盈利目的，采取虚假宣传、价格违法等方式，欺骗、误导医美消费者，损害了医美消费者和其他经营者的合法权益，破坏了市场的公平竞争秩序。

美容医疗机构在经营管理方面面临的部分主要法律风险行为及处罚如表3-3所示。

表3-3 美容医疗机构经营管理相关的法律风险

法律风险行为	法律规定	处罚
对商品作虚假或者引人误解的商业宣传	《反不正当竞争法》	责令停止违法行为，并处罚款，情节严重的可以吊销营业执照
发布虚假广告	《广告法》	责令停止发布广告，责令广告主在相应范围内消除影响，并处罚款，情节严重的可以吊销营业执照，并撤销广告审查批准文件、1年内不受理其广告审查申请，可以吊销有关诊疗科目或者吊销医疗机构执业许可证
未明码标价；实施价格欺诈	《价格法》	责令改正，没收违法所得，可以并处罚款；情节严重的，责令停业整顿，或者吊销营业执照

除了应关注上述具有行业特性的部分核心要点，亦需关注标的主体的历史沿革、股权情况、资产负债、劳动人事、诉讼处罚等，以防范相关法律风险。

三、股权转让纠纷中常见的争议焦点问题及合规分析

（一）其他股东同等条件下的优先购买权

根据现行《公司法》的规定，对外股权转让只需将股权转让的数量、价格、支付方式和期限等事项书面通知其他股东，告知其同等条件下的优先购买权，无须其他股东过半数同意。故美容医疗机构应重点关注前述需要通知的具体事项。

（二）股权转让协议的效力

美容医疗机构作为一般营利性医疗机构，股权转让需遵循《公司法》的基本法理。如现行《公司法》第八十四条第三款规定，在有限责任公司中，公司章程对股权转让另有规定的，从其规定。因此，在股权转让中应先尊重公司的意思自治，公司章程可以对股权转让作出或严或松的规定，但须注意以下两点：（1）公司章程对股权转让的特殊规定不能剥夺股东的基本权利，公司章程若规定"股权转让时只能对内转让，禁止对外转让"，则该规定是有效的，但若规定"禁止股东转让股权"，则该规定因剥夺了股东的基本权利而属无效；（2）公司章程对股权转让的特殊规定也不能违反法律和行政法规的强制性规定。

(三) 美容医疗机构在股权转让交易中提供担保的效力

关于这个问题，应区别看待：

(1) 对于营利性的美容医疗机构。根据《最高人民法院关于适用〈中华人民共和国民法典〉有关担保制度的解释》（以下简称"《担保制度司法解释》"）第六条的规定，登记为营利法人的学校、幼儿园、医疗机构、养老机构等提供担保，当事人以其不具有担保资格为由主张担保合同无效的，人民法院不予支持。但须注意在提供担保时不得违反《公司法》关于"抽逃出资"的强制性规定。

(2) 对于非营利性的美容医疗机构。《民法典》第六百八十三条第二款规定，以公益为目的的非营利法人、非法人组织不得为保证人。《担保制度司法解释》第六条第一款规定："以公益为目的的非营利性学校、幼儿园、医疗机构、养老机构等提供担保的，人民法院应当认定担保合同无效，但是有下列情形之一的除外：（一）在购入或者以融资租赁方式承租教育设施、医疗卫生设施、养老服务设施和其他公益设施时，出卖人、出租人为担保价款或者租金实现而在该公益设施上保留所有权；（二）以教育设施、医疗卫生设施、养老服务设施和其他公益设施以外的不动产、动产或者财产权利设立担保物权。"

(四) 股权转让价款的支付

在美容医疗机构股权转让合同中，受让方常以各种理由推脱支付股权转让款，在有合同依据的情况下，法院通常会判令受让方按约支付股权转让款并承担相应的违约责任。如在（2018）川 1921 民初 74 号案中，被告向某辩称，案涉《股权转让协议书》实质上是意向书，被告未实际参与经营，属无效协议，且协议约定最后一期付款期限未届满，支付转让款无法律依据。法院认为，《股权转让协议书》系各方当事人的真实意思表示，内容不违反法律、行政法规的强制性规定，合法有效，双方当事人应按约定履行合同义务。被告至今未按约定履行付款义务，已构成违约。

(五) 股权转让协议的解除

是否判定解除美容院股权转让协议，主要审视其是否符合法定或约定解除条件。如在（2015）包民二初字第 03779 号案中，原告王某以 21 万元购买了美容院 30% 的股权，并在约定的期间内认缴了出资，应享有公司股东权益，承担股东义务。而原告王某在入股后，公司未向新股东签发出资证明书并相应修改公司章程和股东名册中有关股东及其出资额的记载。后被告殷某将美容院转让，该行为导致原告王某投资经营美容院的目的无法实现，且没有证据表明原告王某同意将美容院以 25.2 万元转让给方某，故法院支持解除《股权转让协议》。

第三节 劳动人事

医师多点执业是我国医疗制度改革的重大举措，有利于合理配置医疗资源，提高医疗资源的利用效率。然而，在医师多点执业落实实施的过程中，出现了诸多"乱象"，如医师与机构法律关系的认定、医疗责任划分模糊不清等，从而引发一系列劳动纠纷。

一、医师多点执业的法律内涵及其分析

（一）医师多点执业的法律内涵

（1）《多点执业若干意见》第三条第一项规定了医师多点执业的人事（劳动）关系。医师与第一执业地点医疗机构在协商一致的基础上，签订聘用（劳动）合同，明确人事（劳动）关系和权利义务，并按照国家有关规定参加社会保险；与拟多点执业的其他医疗机构分别签订劳务协议，鼓励通过补充保险或商业保险等方式提升医师的医疗、养老保障水平。

（2）《医师执业注册管理办法》第十条规定，在同一执业地点多个机构执业的医师，应当确定一个机构作为其主要执业机构，并向批准该机构执业的卫生计生行政部门申请注册；对于拟执业的其他机构，应当向批准该机构执业的卫生计生行政部门分别申请备案，注明所在执业机构的名称。医师只有一个执业机构的，视为其主要执业机构。

（二）医师多点执业法律规定的解读

根据上述法律规定，医师多点执业是指符合条件的执业医师经卫生行政部门注册后，受聘在两个以上医疗机构执业的行为。医师多点执业的特点如下：第一，相关人员必须是医师。第二，医师受聘在两个以上医疗机构执业，并经注册备案。

医师多点执业制度中一个重要的主体是第一执业医疗机构，第一执业医疗机构的存在是医师多点执业的基础。根据《执业医师法》及《医师执业注册管理办法》的规定，我国实行执业医师注册制度，医师执业应当经过注册取得《医师执业证书》。同时，申请医师执业注册应当提交的申请材料之一为第一执业医疗机构的聘用证明。据此，相关人员只有在取得医师执业证书成为执业医师后，才能根据《医师执业注册管理办法》的规定申请多点执业；也可以理解为，执业医师的身份需依附于第一执业医疗机构，执业医师在第二、第三执业医疗机构执业需要依附于执业医师的身份。

关于第一执业医疗机构与主要执业机构的关系，在申请人只有一个执业医疗机构的情况下，其申请注册执业医师时，该第一执业医疗机构即为主要执业机构。同时，在执业注册信息中也会载明申请人的主要执业机构名称。若将来其还有第二、第三执业医疗机构，则可以申请变更主要执业机构。但根据《医师注册管理办法》的规定，变更主要执业机构的，需要重新申请医师执业注册，这实质上要求申请人重新取得医师资格。重新申请医师执业注册的，仍需要以新的第一执业机构作为申请人的主要执业机构。

二、医师与多点执业的其他医疗机构之间的关系

（一）医师与多点执业的其他医疗机构之间用工关系的认定

医师多点执业的，其与第二、第三医疗机构之间是劳动关系还是劳务关系，这在实务中存在一定的争议。劳动关系或劳务关系的认定对医师和第二、第三美容医疗机构的权利义务产生了较大的影响。比如，若将其认定为劳动关系，则可能存在美容医疗机构因未签署劳动合同而需要支付医师两倍工资、违法解除劳动关系的赔偿金等问题；若将其认定为劳务关系，则无须按照劳动法的相关规定处理各主体之间可能存在的用工问题。从法律规定和裁判案例来看，医师与多点执业的其他医疗机构的关系应当被认定为劳务关系。具体分析如下：

（1）根据《多点执业若干意见》第三条第一项的规定，医师与第一执业地点医疗机构在协商一致的基础上，签订聘用（劳动）合同，明确人事（劳动）关系和权利义务，并按照国家有关规定参加社会保险；与拟多点执业的其他医疗机构分别签订劳务协议，鼓励通过补充保险或商业保险等方式提升医师的医疗、养老保障水平。由此可见，法律规定已对医师与多点执业的其他医疗机构之间的劳务关系予以明确，同时也明确了医师与第一执业医疗机构之间建立的是劳动关系。那么，签订聘用合同而建立的人事关系能否也理解为劳动关系？答案是肯定的。一方面，聘用合同是事业单位与职工按照国家有关法律、政策，在平等自愿、协商一致的基础上，订立的关于履行有关工作职责的权利义务关系的协议，根据我国劳动合同法的相关司法解释，事业单位与医师之间签订的聘用合同属于广义上的劳动合同；另一方面，在我国，很多医疗机构保留了事业单位编制，尤其是现在部分公立医院仍然属于事业单位，医师在第一执业医疗机构（公立医院）具有事业单位编制，接受医院的人事管理。在这种人事管理制度下，医师与医疗机构之间不仅存在雇佣关系，而且也存在人身依附关系，即具有劳动关系的人身从属性特征。

（2）《多点执业若干意见》第三条第二项规定，拟多点执业的医师应当获得第一执业地点医疗机构的同意，选择有条件的地方探索医师向第一执业地点医疗

机构履行知情报备手续即可开展多点执业试点。据此，多点执业的医师，仍受第一执业地点医疗机构的管理，其多点执业需经第一执业机构同意。

（3）《多点执业若干意见》第三条第三款规定，医师多点执业过程中发生医疗损害或纠纷，应当由发生医疗损害或纠纷的当事医疗机构和医师按照有关法律法规处理，其他非当事医疗机构均不承担相关的医疗损害或纠纷处理责任。支持医疗机构和医师个人购买医疗责任保险等医疗执业保险，医师个人购买的医疗执业保险适用于任一执业地点。因此，将医师与多点执业的其他医疗机构之间认定为劳务关系，便不会产生医师在多点执业的其他医疗机构执业发生医疗损害或纠纷时无人承担医疗责任的问题。

（4）《多点执业若干意见》第三条第四项规定，不因医师多点执业而影响其职称晋升、学术地位等；在特殊情况下，如处理突发公共卫生事件、紧急医疗救治等，多点执业医师应当服从第一执业地点医疗机构的工作安排。因此，多点执业医师与第一执业地点医疗机构的人事关系紧密，与多点执业机构关系松散，仅属于劳务关系。

（5）《多点执业若干意见》第三条第四项规定，医师在其他医疗机构执业过程中出现违规违纪情形的，由第一执业地点医疗机构进行处分。据此，多点执业的医师在其他医疗机构执业过程中出现违规违纪情形的，对其进行处分仍然是第一执业地点医疗机构的职责，即医师始终受第一执业机构规章制度的管理，与多点执业的其他医疗机构之间不属于用人单位和劳动者的关系。

（二）医师与多点执业的其他医疗机构之间构成劳务关系的相关问题

（1）医师除了与第一执业机构之间可以构成劳动关系，与多点执业的其他机构之间是否也可以构成劳动关系？

虽然我国法律未明文禁止双重劳动关系，但劳动法相关规定对双重劳动关系给予了一定的否定性评价，比如《劳动合同法》第三十九条第（四）项规定，劳动者同时与其他用人单位建立劳动关系，对完成本单位的工作任务造成严重影响，或者经用人单位提出，拒不改正的，用人单位可以解除劳动合同。这意味着用人单位可以否定双重劳动关系，这在一定程度上说明了劳动法对双重劳动关系的否定态度。

（2）医师实质上不在第一执业医疗机构执业，是否可以与多点执业的其他医疗机构建立劳动关系？

根据《执业医师法》第十七条的规定，医师变更执业地点、执业类别、执业范围等注册事项的，应当办理变更注册手续。根据《医师执业注册管理办法》第二十条的规定，医师变更主要执业机构的，应当按照规定重新办理注册。同时，根据《多点执业若干意见》第二条第（二）款第三项之规定，主要执业机构变更的，应当依法重新办理注册，原多点执业注册失效。据此，医师实质上不在第一执业医疗机构执业，表明主要执业机构发生变化，应当重新办理注册，原多点执业注册失效。医师若没有申请重新办理注册，则违反法律法规的强制性规定，医师多点执业的基础便已不存在，其与其他机构之间也因此不存在合法的劳动关系。

三、美容医疗机构聘请多点执业医师的用工合规建议

美容医疗机构聘用多点执业的医美医师不仅需要具备合规意识，还要确认是否应签署劳动合同，具体建议如下：

（1）对于受聘在原美容医疗机构停薪留职的医师、未达到法定退休年龄的内退医师、下岗待岗医师以及原美容医疗机构停产放长假的医师，应与其签订正式劳动合同。

（2）对于未在前美容医疗机构办理离职手续，或者来到美容医疗机构兼职的多点执业医师，要尽量与其签署《劳务协议》，并事先声明双方是劳务合作，并非劳动关系，且最好通知与其签订《劳动合同》的原医疗机构，以免后续产生双重劳动关系的争议。

[参考案例1] 李某与沈阳沈河某医疗美容门诊部劳动合同纠纷【（2018）辽0103 民初 9179】

[基本案情] 原告李某为执业医师，其主要执业机构原为沈阳皇姑李某医疗美容诊所，2018 年 6 月 26 日，原告主要执业机构变更为沈阳皇姑王某医疗美容诊所。2017 年 10 月至 2018 年 4 月，原告在被告单位多点执业。被告于 2018 年 5 月 29 日向沈阳市沈河区劳动人事争议仲裁委员会申请仲裁，沈阳市沈河区劳动人事争议仲裁委员会于同日作出沈河劳人仲不字（2018）773 号不予受理通知书。原告不服该裁决，向法院提起诉讼，请求被告支付原告 2018 年 4 月的工资 81 014.62 元及未签劳动合同的双倍工资 35 万元。

[法院判决] 本院认为，《最高人民法院关于审理劳动争议案件适用法律若干问题的解释（三）》第八条规定，企业停薪留职人员、未达到法定退休年龄的内退人员、下岗待岗人员以及企业经营性停产放长假人员，因与新的用人单位发生用工争议，依法向人民法院提起诉讼的，人民法院应当按劳动关系处理。本案原告不属于该规定中可以存在双重劳动关系的人员，且根据《关于推进和规范医师多点执业的若干意见》（国卫医发〔2014〕86 号）的规定，医师与第一执业地点医疗机构在协商一致的基础上，签订聘用（劳动）合同，明确人事（劳动）关系和权利义务，并按照国家规定参加社会保险；与拟多点执业的其他医疗机构分别签订劳务协议。故本案原、被告之间应为劳务关系，对于原告主张被告支付未签劳动合同双倍工资的诉讼请求，本院不予支持。

[参考案例2] 上海某医疗美容医院有限公司与张某劳动合同纠纷【（2023）沪0105民初158号】

[基本案情] 张某于2020年3月14日应聘至上海某医疗美容医院工作，担任美容外科主任，但未签订过劳动合同。上海某医美医院于2020年8月18日违法解除劳动关系，且未结清张某在职期间的工资。张某申请劳动仲裁，请求确认双方之间存在劳动关系，并要求医院支付拖欠的工资、未订立劳动合同两倍工资差额及违法解除劳动合同赔偿金。上海市长宁区劳动人事争议仲裁委员会认定张某与医院之间是劳动关系，从而支持了劳动者的应签未签劳动合同双倍补偿金的仲裁请求。后医院不服仲裁裁决，向法院提起诉讼。

[法院判决] 本院认为，《关于印发推进和规范医师多点执业的若干意见的通知》规定，医师与第一执业地点医疗机构在协商一致的基础上，签订聘用（劳动）合同，明确人事（劳动）关系和权利义务，并按照国家有关规定参加社会保险；与拟多点执业的其他医疗机构分别签订劳务协议，鼓励通过补充保险或商业保险等方式提升医师的医疗、养老保障水平。本案中，被告在原告处工作期间登记的主要执业机构是第三方某医疗门诊部，原告仅为被告登记的四家多点执业机构之一。被告虽自2020年3月起基本在原告处工作，但其未能提供证据证明曾告知原告其已自某医疗门诊部离职的事宜，被告也未能提供证据证明原告已与其就签订书面劳动合同达成合意，故原告实际并无与被告建立劳动关系的意向，原告诉请要求确认与被告2020年3月14日至2020年8月18日不存在劳动关系，本院予以支持。

第四节　机构加盟

在医美行业，美容医疗机构连锁加盟是一种常见的商业特许经营模式，其是通过合同形式，将美容医疗机构的经营资源如注册商标、企业标志、专利、专有技术等授权给其他经营者使用的经营活动。这种模式的核心在于制度许可，授权方通过其在行业内的影响力或市场占有量，吸引加盟企业加入，以迅速占领市场或扩大营业收入。加盟企业在统一的经营模式下开展经营，并向授权方支付相应的许可使用费。

连锁加盟并非仅仅是代理出售商品或提供服务，它涵盖了商标商号、商业和技术方法、管理知识等一系列内容。因此，相关的法律法规不仅包括《民法典》《公司法》《合伙企业法》，还涉及《商标法》《专利法》《反不正当竞争法》等。这使连锁加盟经营中的法律风险较为复杂，需要加盟企业在签订合同前充分了解实际情况并进行评估。

此外，授权方通常已经建立了行之有效的经营制度，其所拥有的经营资源在行业内具有一定的知名度和影响力。为吸引更多的加盟企业，授权方不断扩展其加盟网络，使得连锁加盟商业模式在各个城市迅速普及。加盟企业在享受品牌效应和技术支持的同时，也需要遵守合同约定，以确保经营活动的合法性和规范性。

一、美容医疗机构连锁加盟的关键要素梳理

美容医疗机构连锁加盟的关键要素如表3-4所示。

表3-4　美容医疗机构连锁加盟的关键要素

特许人与被特许人	特许人（授权方）：通常指拥有注册商标、企业标志、专利、专有技术等经营资源的企业。在医美行业中，特许人应该是拥有成熟医疗美容技术和品牌的美容医疗机构
	被特许人（加盟商）：指通过合同形式获得特许人经营资源使用权的个人或企业，按照特许人的经营模式开展业务，并支付相应的特许经营费用
经营资源	特许人将其拥有的经营资源，如注册商标、企业标志、专利、专有技术、经营模式等，授权给被特许人使用。这些资源是美容医疗机构连锁加盟模式的核心
经营模式	特许人通常会提供一套成熟的经营模式，包括但不限于服务流程、管理方法、营销策略等。被特许人需要按照这套模式进行经营，以确保品牌形象和服务质量的一致性
培训与支持	特许人通常会为被特许人提供培训和技术支持，包括医疗美容技术培训、管理培训、市场推广培训等，以确保被特许人能够顺利开展业务
加盟费用	被特许人需要向特许人支付一定的特许经营费用，应包括加盟金、权利金、保证金等。加盟金通常是一次性支付的费用，权利金可能按年或按月支付，保证金则用于确保被特许人履行合同义务
合同条款	加盟合同是双方合作的基础，合同中会详细规定双方的权利和义务，包括经营资源的使用、费用支付、经营模式的遵守、违约责任等
区域保护	特许人通常会在合同中约定一定的区域保护条款，确保被特许人在特定区域内享有独家经营权，以避免同品牌竞争
监管与考核	特许人会对被特许人的经营活动进行监督和考核，确保其满足品牌形象和服务质量的要求，应包括定期的业务检查、服务质量评估等

续表

退出机制	合同中还会规定退出机制，包括合同终止的条件、保证金的返还、经营资源的回收等，确保双方在合作结束时能够顺利过渡。通过这种模式，美容医疗机构可以实现快速扩张，同时保持品牌形象和服务质量的统一，而被特许人则可以通过加盟获得成熟的经营资源和市场支持，从而降低创业风险

二、特许人的民事法律风险及合规建议

（一）冷静期加盟商享有单方解除权

根据《商业特许经营条例的规定》（以下简称"《特许条例》"）第十二条的规定，特许人和被特许人在特许经营合同中应约定，被特许人在合同订立后一定期限内，可以单方解除合同。这是商业特许经营合同的独有条款，允许加盟商在冷静期内无理由单方解除合同。然而，《特许条例》并未规定冷静期的具体期限，因此特许人在签订合同时需要审慎核实关于冷静期的规定。未约定或约定期限过长，都可能给特许人带来经营合作风险。

（二）商业秘密被泄露的风险

在特许加盟的契约关系下，加盟商从特许人处获得的企业经营性资源，如运营手册、商业计划书、行业分析报告、客户关系管理数据等，以及商标授权、专利、专有技术、专有配方等资料，均属于商业秘密。特许经营合同中需要详尽约定商业秘密保护及同业竞争条款，并对违约责任进行严格规定。一旦被加盟商窃取了商业秘密，特许人将会面临同业竞争、不正当竞争、侵犯知识产权等经营风险，因此保护商业秘密对于维护特许人的竞争优势和防止不正当竞争至关重要。

三、特许人的行政法律风险及合规建议

（一）违反直营店和经营期限的要求

《特许条例》第七条规定，特许人从事特许经营活动应具备至少2个直营店，并且经营时间需超过1年。然而，在实际操作中，存在将一家直营店与一家个体工商户合并作为特许加盟商的情况，这并不符合直营店的定义。个体工商户不得作为特许人与其他直营店一同签署商业特许经营合同，否则可能受到行政处罚，包括没收违法所得和罚款。

（二）未办理行政备案及履行报告义务

《特许条例》第八条要求特许人自首次订立特许经营合同之日起15日内向商务主管部门进行备案。备案应提交的材料包括营业执照复印件、特许经营合同样

本、操作手册、市场计划书、符合直营店和经营期限规定的书面承诺及相关证明，以及国务院商务主管部门规定的其他文件。跨省特许经营活动需向国务院商务主管部门备案。未履行备案或报告义务的特许人将面临罚款。

（三）未说明合同订立前收费用途

《特许条例》第十六条指出，特许人若要求被特许人在合同订立前支付费用，必须书面说明费用用途、退还条件和方式。总部在提前收费时，应严格遵循书面说明，并保存相关证据，以确保交易管理合规，避免受到行政处罚。

（四）未按规定进行信息披露

特许条例要求特许人在订立特许经营合同前至少 30 日，以书面形式向被特许人披露相关信息，并提供合同文本。信息必须真实、准确、完整，不得隐瞒或提供虚假信息。重大信息变更应及时通知被特许人。违反信息披露规定可能导致罚款和被特许人解除合同。

（五）虚假宣传

特许人在推广和宣传活动中，不得进行欺骗或误导行为，广告中不得宣传加盟收益。实践中，使用如"投资 15 万，年赚 30 万"等用语可能破坏市场竞争秩序，从而导致行政处罚。此外，虚假宣传还可能侵犯他人权利、违反广告法，甚至涉嫌犯罪。因此，总部需严格审核宣发内容，确保合规。

四、连锁加盟可能面临的刑事法律风险

（1）非法资金募集与金融秩序破坏。以连锁加盟名义进行的非法或变相吸收公众存款行为，若扰乱了金融秩序，则可能构成非法吸收公众存款罪。

（2）虚假宣传与广告法违规。在推广或宣传活动中，若违反国家规定，通过广告对商品或服务进行虚假宣传，且情节严重的，可能构成虚假广告罪。

（3）合同欺诈与诈骗行为。以连锁加盟名义实施的欺诈行为，若以非法占有为目的，骗取数额较大的公私财物，则可能构成合同诈骗罪或诈骗罪。

（4）传销活动组织与领导罪。以连锁加盟为名，组织或领导传销活动，要求参与者通过缴费或购买商品、服务来获得加入资格，并以发展人员数量作为计酬或返利依据，诱使或强迫参与者继续发展新成员，骗取财物，扰乱经济社会秩序的，可能构成组织、领导传销活动罪。

第五节 财务管理

美容医疗机构的财务管理应当遵循法律法规，确保所有收入和支出通过正规

渠道进行，并且及时准确地完成税务申报。机构需要建立严格的内部控制体系，包括审批流程和审计检查，以提高财务工作的透明度和真实性。同时，应加强对财务人员的专业培训，利用财务软件和信息技术提升管理效率，确保资金安全和合规使用。此外，美容医疗机构还应重视发票管理，避免因发票问题引发的税务风险，并通过风险评估与控制，制定应对策略，以保障机构的长期稳定发展。

一、财务管理风险识别

（1）筹资风险。美容医疗机构在发展过程中，通过发行股票、债券或向金融机构借款等方式筹集资金，以满足日常运营和扩展业务的需求。然而，不合理的筹资策略，如过度依赖债务融资，可能增加企业的财务负担，导致无法按时偿还债务，甚至引发破产风险。因此，制定科学合理的筹资策略对企业的稳定发展至关重要。

（2）投资风险。投资是企业资本运作的关键环节，即将筹集到的资金投入生产或其他资本运作中。投资决策若缺乏充分的市场调研和可行性分析，则可能导致投资收益不达预期，增大企业的财务风险。美容医疗机构应通过严谨的项目评估，选择与企业发展战略相匹配的投资项目，以优化资产配置、降低投资风险。

（3）资金运营风险。美容医疗机构在日常经营中，资金的高效运营是关键。生产、采购和销售环节的资金流转不畅，如存货积压、应收账款回收缓慢等，都会影响资金的周转速度和企业的获利能力。因此，企业需要优化资金管理，确保资金在各个环节中的高效流动，以降低运营风险。

（4）收益分配风险。美容医疗机构的收益分配政策对企业的财务健康和利益相关者的关系具有重要影响。不合理的分配政策，如过高的利润分配，可能削弱企业的再投资能力，影响长期发展；而过低的分配则会打击投资者和员工的积极性。企业应在保障自身发展和满足各方利益的基础上，制定合理的收益分配政策，平衡短期和长期利益，从而降低财务风险。

二、财务风险控制措施

（一）筹资风险控制

首先，美容医疗机构应积极拓展与银行等金融机构的友好借贷关系，通过有效沟通展现机构的发展潜力，吸引金融机构的投资意愿。同时，探索多元化的筹资途径，如发行股票、债券，吸引合格的个人投资者，以及开展外部筹资活动，以分散单一筹资方式的风险。其次，通过制定股权激励机制，鼓励员工入股，不仅能解决部分筹资问题，还能提高员工的工作积极性，增加企业盈利，实现双赢。在优化资本结构方面，需提高资产的利用效率和周转速度，正确使用财务杠杆，提升偿债能力。最后，制订合理的筹资计划和预算方案，可以确保筹资活动与机构生产经营规模和发展状况相匹配，避免资金闲置或不足。

（二）投资风险控制

美容医疗机构应遵循科学投资原则，建立合理的风险控制流程。投资决策应以机构战略方针为指导，选择能带来预期收益的投资项目，优化生产经营结构，平衡资金负债。同时，还应运用多种投资策略，如资产定价模型和现代资产组合理论，选择多样化的投资组合，以应对市场变化、降低投资风险。

（三）资金运营风险控制

首先，美容医疗机构需加强营运资金管理，提高资金利用效率。这包括不断提高应收账款的控制能力，通过缩短账款收回期限或建立坏账准备制度，以全面了解客户的资信状况，优化赊销和回收工作。其次，根据销售规模调整营运资金投入，避免不必要的资金占用，确保资金链与销售业务相匹配。最后，加强存货管理，确保存货量与销售业务规模相匹配，并建立规范的操作流程和计量方法，定期盘点，确保存货管理的科学性和合理性。

（四）收益分配风险控制

美容医疗机构应在收益分配中考虑到时点、形式和稳定性，传递积极的信号给利益相关者，以激发他们的投资热情。与利益相关者积极沟通，了解他们的需求，平衡长期和短期利益，降低收益分配风险。根据企业发展情况制定合理的收益分配政策，确保在盈利能力强时积极分配股利，以吸引更多投资者，而在盈利能力较弱时，适当减少股利分配，缓解资金压力。通过这些措施，美容医疗机构可以更好地管控财务风险，确保企业的稳健发展。

第六节　预付式消费

在医疗美容行业中，预付款消费已经成为一种普遍的消费模式：消费者通过办理预付卡预先充值一定金额，享受商家提供的各种优惠和折扣，同时也可以避免因临时需要而产生的排队等待和时间浪费等问题。然而，随着预付款消费模式的普及，法律风险也接连出现，如一些美容医疗机构利用预付款欺诈消费者，或者通过单方面改变规则、设定使用条件等手段限制消费者的权利，甚至在消费者充值后"跑路"，这些行为不仅损害了消费者的权益，而且影响了预付款消费模式的健康发展。

一、基本概念与特征

预付卡又叫充值卡、消费卡、智能卡、积分卡、充值类会员卡等,顾名思义就是先付费再消费的卡片。预付卡在法律性质上属于单用途商业预付卡,根据 2012 年商务部发布的《单用途商业预付卡管理办法(试行)》(2016 年修订)第二条的规定,单用途商业预付卡是指从事零售业、住宿和餐饮业、居民服务业的企业发行的,仅限于在本企业或本企业所属集团或同一品牌特许经营体系内兑付货物或服务的预付凭证,包括以磁条卡、芯片卡、纸券等为载体的实体卡和密码、串码、图形、生物特征信息等为载体的虚拟卡。该办法还对发卡主体、储值资金管理、单卡限额、违规处理等方面作了严格的规定。

常见的预付款消费模式可分为三类:一为定点式消费,即只能在固定的场所消费;二为定时式消费,即只能在固定的时间段进行消费;三为定额式消费,即面额价值为消费者的消费限度。预付款消费模式有以下四个典型特征:

(1) 预付性。消费者需要在消费之前预先支付一定数额的金钱,获得持卡消费的权利,并以此与经营者确立消费合同关系。

(2) 不记名。很多消费卡不具有人身专属性,不需要身份验证,在消费过程中经营者多是"认卡"不"认人",一旦遗失不允许消费者挂失,消费者只能自行承担遗失的后果。

(3) 证权性。预付消费卡是一种合同凭证,持卡消费者为权利人,经营者是义务人。卡片本身就是持卡人享有经营者在一定时期内提供商品和服务的权利的证明。

(4) 金融性。一方面经营者通过发行预付式消费凭证来募资,可将募集到的金额投入其他商业领域中获利;另一方面,消费者将款项提前支付并通过消费凭证完成交易,并使用预付卡代替金钱进行消费,甚至某些特定种类的消费凭证还可以流通、转让,体现了一定的货币职能,具有流通性和支付性。

二、预付款消费模式下的法律风险

(一) 有关格式条款可能无效的风险

格式条款是当事人为了重复使用而预先拟订,并在订立合同时未与对方协商的条款。目前,医疗美容消费服务合同中关于预付卡的大部分条款均是美容医疗机构单方拟订的格式条款,部分条款可能因符合《民法典》第四百九十七条所列举的情形而被认定为无效,现举以下五个例子作为参考。

1. 最终解释权归美容医疗机构所有

"最终解释权归美容医疗机构所有"条款是美容医疗机构为了减轻或免除自

己的责任，限制甚至排除消费者的主要权利而拟订的，这严重损害消费者的权益、双方权利义务严重不均衡，属于无效条款。

2. 概不退款

"概不退款"条款剥夺了消费者预付后未实际消费的自主选择权，属于美容医疗机构强制交易，免除其责任、排除消费者依法解除合同权利的格式条款，属于无效的强制性条款。

3. 不得转让

预付卡是消费者预付款的债权凭证，债权人依法转让债权的，通知债务人后转让行为即发生效力。美容医疗机构通过提前拟订"不得转让"的格式条款限制或排除消费者依法转让债权的权利，严重损害了消费者的正当权益，应属无效。

4. 转让收取高额转让费

如若因转卡给美容医疗机构增加了一定的物资成本和劳务成本，则其可收取与实际成本对应的手续费，但通过格式条款约定高额转让费用明显属于"霸王条款"，应属无效。

5. 逾期未用不得申请退款

根据《单用途商业预付卡管理办法（试行）》（2016年修订）第十九条的规定："记名卡不得设有效期；不记名卡有效期不得少于3年。发卡企业或售卡企业对超过有效期尚有资金余额的不记名卡应提供激活、换卡等配套服务。"同时根据该法第三十七条的规定，如美容医疗机构违反上述规定，则由违法行为发生地县级以上地方人民政府商务主管部门责令限期改正；逾期仍不改正的，处以1万元以上3万元以下罚款。"逾期未用不得申请退款"这一条款明显是美容医疗机构为了减轻或免除自己的责任而拟订，亦应属于无效条款。

（二）因美容医疗机构经营异常消费者需退费的风险

《单用途商业预付卡管理办法（试行）》（2016年修订）第十八条规定，单张记名卡限额不得超过5000元，单张不记名卡限额不得超过1000元。单张单用途卡充值后资金余额不得超过前款规定的限额。然而，实践中经常出现预付卡超额现象，这会导致更多的款项预付储存至美容医疗机构处。由于预付款和消费之间存在时间差，消费者预期利益的实现依赖于美容医疗机构的持续正常经营，故美容医疗机构不能持续正常经营时，消费者的权益就很容易受到侵害，此时消费者往往会要求美容医疗机构退费。

根据《中华人民共和国消费者保护权益法》第五十三条的规定，商家未按照约定提供商品或服务的，应当按照消费者的要求履行约定或者退回预付款；并应当承担预付款的利息、消费者必须支付的合理费用。因此，美容医疗机构倒闭跑路、未经消费者同意转让给第三方经营、擅自变更服务地点内容等行为，均属于美容医疗机构违约，消费者要求解除合同并退款时，美容医疗机构应无条件退款。出于保护消费者的目的，消费者因自身原因也可要求美容医疗机构退费，但需支付相应的违约金。

（三）可能侵犯消费者的公平交易权的风险

交易公平是指交易各方在交易过程中获得的利益相当，在消费性交易中就是指消费者获得的商品或服务与其支付的货币价值相当。由于预付款消费采取消费者预先支付对价来获取将来的商品或服务的模式，这种时间差意味着另一方履约的不确定性，因此这种不确定性即构成了先履行义务一方所承担的风险。

在预付款消费中，消费者公平交易权遭受侵犯的情形主要集中在以下两个方面：

一是美容医疗机构违背承诺，实际提供的商品或者服务与消费者办卡前宣传的商品或者服务相差较大。有些美容医疗机构往往以消费时享受优惠打折为诱饵，诱使消费者购买不同优惠比例的预付费会员卡。一旦付款成功，消费者可能会面对很多不利情况，如美容医疗机构擅自改变服务的内容、提高商品的价格、降低服务水平等。

二是美容医疗机构往往事先对预付款消费作出种种不合理的限制，如美容医疗机构在办卡时拟订"霸王"条款，规定预付卡不挂失、不补办、不退钱，而消费者一旦遇到卡片丢失的情况就会造成经济上的损失；规定办卡后不得转让，或者收取高额转让费用。另外，很多预付卡都规定了消费的期限，并规定到期不消费的预付款资金概不退还，通过格式条款侵犯了消费者的财产权益。

（四）可能侵犯消费者知情权的风险

知情权意味着经营者提供的商品或服务的情况必须是真实的，不得做引人误解的虚假宣传。由于消费者与美容医疗机构在办理预付卡到真正消费之间存在一定的时间间隔，因此难以保证美容医疗机构在收取费用后能否提供与其所承诺的质量相当的产品，这就使消费者的知情权处于受侵害的风口浪尖上。如以各种理由调整消费价格，或者出台新的规定限制消费者折扣的使用；美容医疗机构门店搬迁、消费者搬家导致消费不便，或者美容医疗机构不按约定提供商品或服务等，美容医疗机构以各种理由拒绝消费者退卡。上述情形均涉及美容医疗机构的虚假宣传。

（五）可能侵犯消费者隐私的风险

《消费者权益保护法》已将消费者的隐私信息纳入保护范围。由于消费者信息对于美容医疗机构具有一定的价值，部分经营者会扩大范围收集消费者个人信息、肆意泄露消费者的隐私。消费者在办理预付卡时，美容医疗机构一般会要求登记消费者的个人信息、居住信息、联系方式，甚至家庭成员信息等。作为消费者最基本的隐私信息，美容医疗机构有义务保障这些信息的安全。但某些美容医疗机构为了获取不法利益，未经消费者同意，利用或擅自使用消费者的个人登记信息，从而导致消费者信息外泄问题日趋严重，侵犯了消费者的隐私权。

三、预付款消费模式下的退卡问题

以"退卡"为关键词在中国裁判文书网中进行检索，可以发现从 2019 年开始，有关"退卡"的裁判文书显著增多，其中有不少是因为美容医疗机构或者医美机构面临倒闭、搬迁、转让或者涨价等问题，导致很多消费者在办了预付卡之后不想或者不能再去消费。然而，由于现行法律法规对单用途商业预付卡的规定较少，行政机关对单用途商业预付卡的监管也较为薄弱，故实践中某些美容医疗机构常常会有一些诸如闭店跑路或者在未告知消费者的情况下进行搬迁等逆法而行的行为；还有部分美容医疗机构在服务消费者的过程中服务水平下降、服务价格上涨。由此引发与退卡相关的问题：（1）办卡后未消费能否退卡？（2）办卡后消费了能否退卡？（3）办卡后美容医疗机构服务水平下降、服务价格上涨能否退卡？（4）办卡后美容医疗机构跑路能否退卡？

（一）典型案例展示

韩某某通过报纸了解到卓秀美容院宣传的祛除眼袋的广告，卓秀美容院在广告中宣称保证美容效果、无效退费。韩某某随即前往卓秀美容院进行美眼体验。后韩某某刷卡支付 5 万元购买了会员卡，并获赠 5 支金粉。

卓秀美容院提供给韩某某的《卓秀美眼眼部理疗中心会员章程》第六条消费细则约定："1. 您在本中心所购买的产品，一经拆包后不可退换。2. 您在本中心所购买的项目均享受本中心会员优惠价格。如会员遇到不可抗力因素需要退款，公司将此情况视为会员自动放弃其会员身份。因此退卡的顾客将不再享受本中心专门为会员提供的优惠待遇。退卡时需按照本中心项目单次的价位予以扣除消耗款项，包括赠送的会员产品和疗程。单次理疗项目及产品价格明细如下：如退款范畴不在下述理疗项目之内，可按中心店内提供的统一价格核算，RF 眼部理疗 1280 元/次、RF 面部理疗 1580 元/次、BIO 面部理疗 1280 元/次、蓝宝石冷光 3680 元/次……3. 会员在接受完护理项目后，在顾客疗程护理明细表上的顾客满意度一栏填写为满意，证明对本次的服务及效果表示认可。"

在部分美容项目进行到一半的过程中，韩某某发觉自己的皮肤黑斑没有任何好转，皮肤反而日趋粗糙，因此要求卓秀美容院退款，卓秀美容院始终推诿，不配合处理相关事宜。故韩某某向人民法院起诉请求：（1）解除韩某某、卓秀美容院的合同关系；（2）卓秀美容院归还韩某某充值的剩余金额以及未消费项目金额 467 250.38 元；（3）卓秀美容院赔偿韩某某支付的美容费用 202 959.62 元；（4）卓秀美容院赔偿韩某某精神损害抚慰金 1 万元。

法院认为，在美容院服务效果不能达到承诺的前提下，美容服务本身又具有较强的人身属性，其履行涉及身体接触，在双方已失去信任的情况下，不能再继续履行合同，无法实现合同目的，应判决双方解除服务合同关系。《会员章程》系由卓秀美容院单方制订的消费规则，消费者只能被动地全部接受，无法进行协商更改，章程则属于卓秀美容院预先拟订的格式化条款，其规定的"会员遇到不可抗拒因素需要退款，公司将此情况视为会员自动放弃其会员身份。因此退卡的顾客将不再享受本中心专门为会员提供的优惠待遇。退卡时需按照本中心项目单次的价位予以扣除消耗款项，包括赠送的会员产品和疗程"条款，约束了消费者权利，加重了消费者责任，故上述格式条款无效，法院判决应按照消费者实际消费记载的会员价格进行结算，而不能按照经营者规定的单次价结算。合同解除后，韩某某剩余的项目金额及未使用的充值金额应予以返还。韩某某已接受的美容项目及产品，因本身具有服务价值及产品价值，且韩某某就绝大多数的单次服务表示满意，故根据公平原则，就韩某某已经享受的美容项目支出的费用不应再予以返还，即根据其实际消费金额从其所付款项中扣除。对于韩某某主张的精神抚慰金，法院认为没有事实和法律依据，不予支持。

（二）不同情形下能否退卡的法律分析

1. 办卡后未消费能否退卡

一般情况下，消费者办卡后未消费皆可以退卡，但也需具体问题具体分析。部分地区可以直接根据地方性法规或地方政府规章进行退卡，如北京市 2022 年 6 月 1 日起施行的《北京市单用途预付卡管理条例》第十六条规定："消费者自购买预付卡之日起七日内未兑付商品或者服务的，有权要求经营者退卡，经营者应当自消费者要求退卡之日起五日内一次性全额退回预收款；消费者因购买预付卡获得的赠品或者赠送的服务，应当退回或者支付合理的价款。"《江苏省预付卡管理办法》第十八条规定："经营者发行预付卡，消费者有权自付款之日起 15 日内无理由要求退款，经营者可以扣除其为提供商品或者服务已经产生的合理费用，经营者未按照约定提供商品或者服务的，应当按照消费者的要求履行约定或者退回预付款，未消费的，应当全额退款并承担预付款的利息；已经消费的，应当按照原约定的优惠方案扣除已经消费的金额，予以退款并承担退款部分的利息。"2023 年 2 月国家市场监管总局公布的《医疗美容消费服务合同（示范文本）》中对预付卡设置了冷静期，在冷静期内，消费者有权要求无责任单方解除合同，以及自提出解除合同之日起 15 日内退还已收取的全部费用；消费者放弃冷静期内的无责任解除权后，在服务项目完成前仍有权随时要求解除合同，对于已接受服务的部分，消费者应当承担相应的服务费用；对于未接受服务的部分，美容医疗机构应当退还相应的服务费用，美容医疗机构应当自消费者提出解除合同之日起 15 日内按上述约定完成结算退费手续。

如果所在省市没有制定相关的地方性法规或规章，则需双方进行友好协商，达成一致后办理退卡。

2. 办卡后消费了能否退卡

消费者办卡后无正当理由要求美容医疗机构退卡，一般这种情况属于消费者违约。但是在某些情况下消费者仍然可以向美容医疗机构申请退卡，主要有以下情形：美容医疗机构提供的合同格式条款中对于办卡后的退费情况未作明确规定；美容医疗机构提供的合同中对于将不可退卡条款作为格式条款未进行说明；美容医疗机构提供的单次记名预付卡超过 5000 元、不记名预付卡超过 1000 元等情形。

美容医疗机构提供的合同格式条款中对于办卡后退费相关情况未作明确规定的，在消费者消费以后一般仍可以申请退卡。在江西省南昌市中级人民法院审理的（2018）赣 01 民终 1514 号案例中，美容美发店在办卡须知中写明"如退卡，本人愿意扣除当天赠送消费原价和赠送项目，本人不享受会员待遇，剩余金额将退还顾客"，就此，美发店认为任何情况下退卡都应扣除消费者已享受的优惠，而消费者认为系因美发店停止经营所导致的退卡不应扣除消费者已享受的优惠，法院认为商家的合同条款为美发店单方制作的格式条款。根据《民法典》第四百九十八条的规定："对格式条款的理解发生争议的，应当按照通常理解予以解释，对格式条款有两种以上解释的，应当作出不利于提供格式条款一方的解释。格式和非格式条款不一致的，应当采用非格式条款。"最终法院判决美发店退还杨女士卡中全部未消费金额。

美容医疗机构提供的合同中对于不可退条款为格式条款且未作详细说明的，消费者在消费以后一般仍可以向商家申请退卡。在四川省绵阳市游仙区人民法院审理的（2021）川 0704 民初 3778 号案件中，法官结合双方提交的证据认为，易女士与美容美发店之间形成的服务合同合法有效，但是《会员档案资料》的内容实为服务合同的内容，对于第七、第八条明显影响易女士主要权利义务的条款虽然作了加黑处理，易女士每次消费后均需要在该资料上签字确认，因该资料的原件仍在被告处，但易女士述称并未对其作任何提示或者说明，且《会员档案资料》的会员须知中不合理地免除或者减轻了其责任、加重了易女士作为消费者的责任、限制了易女士的主要权利，根据《民法典》第四百五十六条、第四百九十七条之规定，法官认定该案件中美容美发店的格式条款未对易女士进行说明，该条款不得成为合同的内容，最终支持易女士主张退款的诉讼请求，美容美发店需对易女士进行退卡。

《单用途商业预付卡管理办法》(试行)第十八条规定,单张记名卡限额不得超过5000元,单张不记名卡限额不得超过1000元。《全国法院民商事审判工作会议纪要》明确,违反规章一般情况下不影响合同效力,但该规章的内容涉及金融安全、市场秩序、国家宏观政策等公序良俗的,应当认定合同无效。如果美容医疗机构提供的单次记名预付卡超过5000元或单次不记名预付卡超过1000元,则存在构成违背部门规章,导致服务合同无效的风险。若合同无效,则当事人需返还对方依该合同所取得的财产,并且有过错的一方应赔偿对方因此遭受的经济损失。

3. 办卡后美容医疗机构服务水平下降、服务价格上涨能否退卡

单用途商品预付卡可视为美容医疗机构与消费者签订的合同,如果办卡后美容医疗机构服务水平下降、服务价格上涨,则一般情况下可退卡。根据《消费者权益保护法》第五十三条"经营者以预收款方式提供商品或服务的,应当按照约定提供,未按照约定提供的,应当按照消费者的要求履行约定,或者退回预付款;并应当承担预付款的利息、消费者必须支付的合理费用"的规定,如美容医疗机构与消费者未另外约定,则应按当时办理单用途商品预付卡之时约定的服务价格、服务水平服务消费者,不可擅自涨价或降低服务水平。美容医疗机构未按双方约定提供服务,属于侵害了消费者的合法权益。同样地,若单用途商品预付卡在办理前未限制节假日期间使用或未约定节假日期间可以涨价,则在办理以后,消费者不得被限制该卡的使用期间或被商家要求节假日涨价等。若美容医疗机构因为情势变更想涨价或限制节假日使用,则需征得消费者同意或双方协商解除该合同等。

4. 办卡后美容医疗机构跑路能否退卡

此种情况是消费者办理了单用途商品预付卡后最常见的情形,分为美容医疗机构直接跑路和转让给第三方后跑路。如果美容医疗机构直接跑路(包含原商家转让给第三方后消费者不能在第三方处继续使用原单用途商品预付卡的情形),则消费者可依据《民法典》第五百六十三条"因一方迟延履行债务或者有其他违约行为致使不能实现合同目的,当事人可以解除合同"和《消费者权益保护法》第五十三条的规定,向美容医疗机构主张解除合同,同时还可主张追究美容医疗机构的违约责任。

如果美容医疗机构将店铺转让给第三方后跑路,则根据《民法典》第五百五十五条"当事人一方经对方同意,可以将自己在合同中的权利和义务一并转让给第三人"的规定,如果美容医疗机构擅自将店铺转让给第三人,消费者虽可以继续消费卡内金额,但消费价格明显高于原约定的价格,该转让行为对消费者不发生法律效力。如果征得消费者同意,则合同中约定的权利和义务一并转让,合同可以继续履行,但如果消费者不同意该转让行为,则消费者可向原美容医疗机

构主张退卡并主张其承担相应违约责任。

四、预付款消费模式下美容医疗机构合规经营的建议

预付款消费模式是对传统消费模式的突破，无论是对美容医疗机构还是消费者来说，在表面双赢的背后都隐藏着巨大的风险。为优化预付款消费模式的生态环境，美容医疗机构作为经营者，要以契约精神消除无效的"霸王条款"：（1）美容医疗机构对消费者负有格式条款的提示和说明义务；（2）明令禁止格式合同中含有侵害消费者权益的无效条款；（3）树立与消费者友好型的法律解释原则；（4）赋予消费者对格式合同的合理审阅时间；（5）授权消费者对其质疑的格式条款保留意见，要彻底扭转消费者对霸王条款只能接受或者不接受的两难被动局面。

与此同时，美容医疗机构还应当依法规范自身的经营行为，办理单用途商业预付卡业务备案业务，制定合理的规章制度；严格遵守平等、诚信的原则，与消费者签订书面协议，明确购买、充值、使用、退卡方式等内容，并履行相应的提示告知义务，依法管理预付款资金及消费者的个人信息和隐私。此外，美容医疗机构应当及时对购买预付卡的消费者进行回访和跟踪，了解消费者对于服务的意见及想法，避免双方产生矛盾。

第七节　在用医疗器械转让

美容医疗机构在日常经营过程中，会存在因业务扩张、设备换代、机构关闭等原因留下一些不再使用的医疗器械，其中部分医疗器械价值较高且可以继续使用。在这种情况下，美容医疗机构往往会将这些在用的医疗器械转卖给其他美容医疗机构，即转卖二手医疗器械。在实践中，这种操作已经成为一种常见的业务模式。

一、"二手"医疗器械能否转让

"二手"医疗器械在法律上被称为"在用"医疗器械。根据《医疗器械监督管理条例》（国务院令第739号）第五十六条"医疗器械使用单位之间转让在用医疗器械，转让方应当确保所转让的医疗器械安全、有效，不得转让过期、失效、淘汰以及检验不合格的医疗器械"的规定，"二手"医疗器械能够依法转让，但需满足以下四个条件：

（1）转让对象为"在用医疗器械"。"在用医疗器械"是指已经在某家医疗机构"使用过"，包括"实质临床使用"，即已经合法进入医疗机构，并在临床

中至少使用过一次,如直接使用在患者的诊断、治疗、准备中等;"形式临床使用",即已经完成所有依法入院手续(指"三件套":采购合同、发票及产品三证)但是未实际临床使用。

(2)交易主体是医疗器械使用单位之间。"医疗器械使用单位之间"就是"各类型的医疗机构"(即为法律上的法人主体),不包括"医疗器械经营单位"。

(3)转让标的应检验合格。在用医疗器械本身应"安全、有效",不得转让"过期、失效、淘汰以及检验不合格的医疗器械"。

(4)转让方负有质量保证义务。

二、转让方如何证明转让的"二手"医疗器械"安全、有效"

根据《医疗器械使用质量监督管理办法》(国家食品药品监督管理总局令第18号)第二十条的规定,在用医疗器械依法合规转让需满足以下五个要件:

(1)转让的在用医疗器械安全、有效。

(2)转让方需提供产品的合法证明文件,该证明文件主要包括表3-5列明的要求。

表3-5 医疗器械合法证明文件

序号	项目	要求
1	医疗器械证件	医疗器械注册证、医疗器械生产许可证、医疗器械经营许可证
2	产品信息	产品说明书、医疗器械标签(铭牌)完整
3	产品有效期	确保医疗器械在有效期内
4	使用和维修记录	医疗器械在本机构的采购记录、使用记录、维修维护记录档案
5	检验合格报告	经有资质的检验机构检验合格
6	转让协议	转让双方之间签署转让协议
7	配件	产品所需的配件完整

(3)双方签订"转让"协议,而不是"买卖"或"采购"协议,并移交产品说明书、使用和维修档案复印件。

(4)拟转让的在用医疗器械必须有检验合格证明(转让方提供)。有资质的检验机构指经药监部门或卫生部门认可的医疗器械检验院所和第三方检验机构,检验机构需要具备CNAS和CMA认证,并且认可范围包括送检的医疗器械。检验项目可依据《医疗器械产品技术要求》或相关的国家标准和行业标准来确定,检验合格后出具检验报告。

（5）受让方依法验货。

三、受让方的资质问题

"二手"医疗器械受让者应为医疗器械使用单位，包括诊所、门诊部、医院等公立或私立的医疗机构。转让"二手"医疗器械时，需要核对对方是否取得《医疗机构执业许可证》或《诊所备案凭证》，且许可证的执业范围需要包括对应医疗器械的适用范围。放射类医疗器械转让还需要对方提供《辐射安全许可证》。

个人、生活美容机构、健康咨询机构等不能从事医疗服务的机构不符合受让要求，不得受让"二手"医疗器械。

四、"二手"医疗器械转让的其他合规相关问题

（一）"二手"医疗器械转让方是否需要办理医疗器械经营许可证

"二手"医疗器械转让是指在医疗器械使用单位之间进行在用医疗器械交易的行为，不属于《医疗器械经营监督管理办法》中规定的从事医疗器械经营活动，无须办理医疗器械经营许可证。

（二）医疗器械经营企业能否受让"二手"医疗器械

医疗器械经营企业不直接使用医疗器械进行医疗行为，不符合"二手"医疗器械转让行为的主体要求，因此不得受让"二手"医疗器械。

（三）无偿捐赠"二手"医疗器械是否需要履行转让手续

根据《医疗器械使用质量监督管理办法》第二十一条"医疗器械使用单位接受医疗器械生产经营企业或者其他机构、个人捐赠医疗器械的，捐赠方应当提供医疗器械的相关合法证明文件，受赠方应当参照本办法第八条关于进货查验的规定进行查验，符合要求后方可使用。不得捐赠未依法注册或者备案、无合格证明文件或者检验不合格，以及过期、失效、淘汰的医疗器械。医疗器械使用单位之间捐赠在用医疗器械的，参照本办法第二十条关于转让在用医疗器械的规定办理"的规定，无偿捐赠和有偿转让具有同等法律效力，同样需要严格履行上述各项义务。

五、违法转让"二手"医疗器械的法律后果

违法转让"二手"医疗器械的法律后果由医疗器械监督管理条例第八十八条规定。

《医疗器械监督管理条例》第八十八条

有下列情形之一的，由负责药品监督管理的部门责令改正，处1万元以上5

万元以下罚款；拒不改正的，处 5 万元以上 10 万元以下罚款；情节严重的，责令停产停业，直至由原发证部门吊销医疗器械生产许可证、医疗器械经营许可证，对违法单位的法定代表人、主要负责人、直接负责的主管人员和其他责任人员，没收违法行为发生期间自本单位所获收入，并处所获收入 30% 以上 2 倍以下罚款，5 年内禁止其从事医疗器械生产经营活动：

（一）生产条件发生变化、不再符合医疗器械质量管理体系要求，未依照本条例规定整改、停止生产、报告；

（二）生产、经营说明书、标签不符合本条例规定的医疗器械；

（三）未按照医疗器械说明书和标签标示要求运输、贮存医疗器械；

（四）转让过期、失效、淘汰或者检验不合格的在用医疗器械。

《医疗器械使用质量监督管理办法》第二十八条

医疗器械使用单位有下列情形之一的，由县级以上食品药品监督管理部门按照《医疗器械监督管理条例》第六十七条的规定予以处罚：

（一）未按照医疗器械产品说明书和标签标示要求贮存医疗器械的；

（二）转让或者捐赠过期、失效、淘汰、检验不合格的在用医疗器械的。

第八节　医美与生美业务交叉开展

一、美容医疗机构能否开展生活美容服务

一般来说，生活美容机构需要办理《卫生许可证》方可开展生活美容服务，而美容医疗机构在设置、运行、监管等方面的合规要求相较于生活美容机构则更为严格，因此，美容医疗机构开展生活美容活动无须另行办理《卫生许可证》等监管要求相对较低的资质。但是美容医疗机构中从事生活美容服务的人员必须是卫生技术人员，若美容医疗机构想要由非卫生技术人员实施生活美容服务，则必须在独立区域重新申办生活美容机构，并单独办理《卫生许可证》。因此，美容医疗机构原则上可以开展皮肤保养、美发、化妆、SPA 等生活美容服务，且无须另行办理生活美容机构的《卫生许可证》，但是提供生活美容服务的人员必须是卫生技术人员，否则应在美容医疗机构之外的独立区域重新设立生活美容机构来开展相关服务。

另外，需要注意的是，在美容医疗机构内开展推拿、按摩、刮痧、拔罐等医疗保健服务必须由卫生技术人员实施，不得聘用非卫生技术人员开展此类活动。

二、生活美容机构能否开展医疗美容服务

生活美容机构未取得《医疗机构执行许可证》不得从事或者变相从事医疗美容服务。如果生活美容机构同时从事医疗美容服务，则必须经卫生行政部门登记注册并获得《医疗机构执业许可证》后方可开展执业活动。操作人员需要有《医师资格证书》《医师执业证书》，主诊医师还需取得医疗美容主诊医师资格。

三、相关处罚

（1）对于非医疗机构擅自开展医疗美容服务的处罚。卫生健康部门将依据《基本医疗卫生与健康促进法》第九十九条第一款的规定进行处罚，没收违法所得及医疗美容仪器，违法所得1万元以上的，处违法所得5～20倍的罚款，违法所得不足1万元的，按1万元计算。

（2）对于违规操作人员的处罚。卫生健康部门将依据《执业医师法》第三十九条的规定处以10万元以下的罚款，并没收违法所得。

[法律规范]

①市场监管总局等十一部门联合印发《关于进一步加强医疗美容行业监管工作的指导意见》

不得违法从事或者变相从事医疗美容活动。

②《基本医疗卫生与健康促进法》第三十八条

举办医疗机构，应当具备下列条件，按照国家有关规定办理审批或者备案手续：

（一）有符合规定的名称、组织机构和场所；

（二）有与其开展的业务相适应的经费、设施、设备和医疗卫生人员；

（三）有相应的规章制度；

（四）能够独立承担民事责任；

（五）法律、行政法规规定的其他条件。

医疗机构依法取得执业许可证。禁止伪造、变造、买卖、出租、出借医疗机构执业许可证。

各级各类医疗卫生机构的具体条件和配置应当符合国务院卫生健康主管部门制定的医疗卫生机构标准。

③《基本医疗卫生与健康促进法》第九十九条第一款

违反本法规定，未取得医疗机构执业许可证擅自执业的，由县级以上人民政府卫生健康主管部门责令停止执业活动，没收违法所得和药品、医疗器械，并处违法所得五倍以上二十倍以下的罚款，违法所得不足一万元的，按一万元计算。

④《执业医师法》第三十九条

未经批准擅自开办医疗机构行医或者非医师行医的,由县级以上人民政府卫生行政部门予以取缔,没收其违法所得及其药品、器械,并处十万元以下的罚款;对医师吊销其执业证书;给患者造成损害的,依法承担赔偿责任;构成犯罪的,依法追究刑事责任。

[参考案例1] 生活美容机构未取得《医疗机构执业许可证》擅自执业、美容师非法行医,受到双罚案

[基本案情] 2021年4月25日,通州区卫生健康委员会执法人员接到市民投诉,称某生活美容机构为自己点痣、祛痣,造成不良后果。执法人员在检查中发现该机构聘用美容师为顾客开展点痣、祛痣的医疗美容服务,点痣使用的"植物古方药水",未标示生产厂家、品牌及说明书等信息。美容师和顾客均提到使用药水点痣后表皮结痂、脱落,顾客后期在医疗机构进行进一步手术后面部留下疤痕,前来接受调查时仍未拆线。经调查,该机构负责人及美容师承认为顾客提供的点痣、祛痣服务,为顾客办储值卡后的赠送项目,没有收费。

[处理结果] 本案中的"点痣"行为,造成顾客面部表皮结痂、脱落,依据卫生部办公厅于2009年印发的《医疗美容项目分级管理目录》的相关规定,属于医疗美容微创治疗项目中的"化学剥脱"。该生活美容机构未取得《医疗机构执业许可证》开展医疗美容服务的行为,违反了《基本医疗卫生与健康促进法》第三十八条第一款的规定,依据《基本医疗卫生与健康促进法》第九十九条第一款的规定给予5万元的行政处罚;该机构聘用的美容师无《医师资格证书》和《医师执业证书》,违反了《执业医师法》第三十九条的规定,依据《执业医师法》第三十九条的规定,给予1万元的行政处罚。

[参考案例2] 某美容店非法开展医疗美容案

[基本案情] 2021年12月10日,市卫健委接到市民李某的投诉:在本市某美容店打了隆胸针后身体不适。接报后,市卫生监督所卫生执法人员赴美容店现场,对该店美容服务活动、顾客档案和产品购货清单等展开调查,发现该店档案有打水光针、开双眼皮等记录,涉嫌开展医疗美容活动。经对该店经营者、店长及举报人进一步调查核实,确认了该美容店未取得《医疗机构执业许可证》擅自开展医疗美容活动的违法事实。

[处理结果] 该案经调查终结,认定该美容店未取得《医疗机构执业许可证》擅自开展医疗美容服务、违法所得6000元的违法事实。该美容店上述行为违反了《医疗美容服务管理办法》第二十三条和《基本医疗卫生与健康促进法》第三十八条第一、第二款的规定。依据《基本医疗卫生与健康促进法》第九十九条第一款的规定,对该美容店作出没收违法所得6000元、罚款10万元的行政处罚,同时责令其立即停止违法行为。

第四章

"医美+"业务的合规风险及建议

第一节 渠道医美

2022年,一则"杭州一医美公司偷逃税被罚8800多万"的行政处罚登上微博热搜。处罚事由为2017年1月至2021年11月,该公司分支机构某医疗美容诊所为客户提供医疗美容项目服务,偷税漏税,隐匿收入超47.55亿元。"隐瞒收入、私卡收费、逃避税收监管"是渠道医美常常被诟病的问题之一,这也坚定了有关部门在监管层面整治渠道医美乱象的决心。

一、何谓渠道医美

美容医疗机构按获客方式可分为直客医美和渠道医美两种形式。直客医美往往通过公开营销推广、投放商业广告等方式吸引客户前来咨询和就诊;渠道医美则通过美容院、专人介绍等方式获得客源。选择渠道医美的消费者支付的费用往往比选择直客医美的要高。从营利模式来看,渠道医美本质上是依赖客户的信任来获取客源,渠道商从中间获得返点,返点比例为30%至90%,渠道转诊业务费项目名称也层出不穷,最常见的为市场推广费、技术服务费、佣金、提成等。

二、渠道医美常见的不合规风险点

(一) 虚假宣传

实践中,渠道美容医疗机构的合作渠道为了赚取高额返佣,往往会过度营销或作出夸大、不实承诺的宣传。常见的方式有通过讲故事、品相包装,以及在招商宣讲会、沙龙、制作宣传视频或者其他形式宣传物料的过程中进行虚假宣传,此种行为存在销售欺诈的风险,也可能被认定为不正当竞争行为。

(二) 价格欺诈

渠道美容医疗机构生存的底层逻辑是将部分经营利润让利到销售环节,给予销售团队较高比例的分成。由于医疗美容属于市场调节定价，所以存在渠道美容医疗机构定价较高的现象，一旦超过合理范围，而美容医疗机构未明码标价或者虚标价格则可能构成价格欺诈。

（三）非法行医

为了降低人力资源成本，渠道美容医疗机构可能将尚未取得主诊医师资格的医生包装为"大牌"医生或"专家"，通过虚构"荣誉或资质"、虚构医疗专业人员身份进行宣传，骗取客户信任，甚至利用非医护人员进行宣讲并提供诊疗服务。美容医疗机构的此种行为，不仅构成虚假宣传，还构成非法行医，存在刑事犯罪风险。

（四）偷税漏税

渠道美容医疗机构普遍存在不签署书面合同、私卡收款转账、未申报税收等现象。有些渠道美容医疗机构为了掩盖偷税漏税，甚至采取虚假账户收款、分账或者第三方公司代为走账，以虚假交易掩盖非法目的。美容医疗机构偷税漏税的行为将会面临行政处罚，严重的话会受到虚开增值税专用发票罪等刑事犯罪处罚风险。

（五）商业贿赂

渠道美容医疗机构为了谋取高额返佣，往往会采用医托、商业贿赂甚至传销方式单纯通过"推荐"或"拉人头"的方式，鼓励合作机构"带客"或推荐客人，而忽略了产品项目、诊疗服务本身的质量。此种行为可能构成商业贿赂。

三、渠道医美高额返佣的合规边界

与其他行业相比，医疗美容行业因其行业特性，具有更强的实施贿赂行为的动机，特别是渠道型美容医疗机构与消费者之间往往会存在中介充当桥梁和纽带，这些中介者可能是个人，也可能是美容院或者其他行业的组织。为了获取充足的客源，渠道型美容医疗机构会支付中介方高额的佣金，此举若对公平竞争秩序产生影响，则可能被认定为商业贿赂型不正当竞争行为。此外，因为有"中间环节"参与高分成，美容医疗机构必然要提高收费，而为降低成本，也会导致部分美容医疗机构聘用无资质的医生或使用劣质产品，从而引发各种医疗事故和消费纠纷。

（一）佣金的法律内容

佣金是指经营者在市场中给予为其提供服务的具有合法经营者资格的中间人的劳务报酬。《反不正当竞争法》第七条第二、第三款规定："经营者在交易活动中，可以以明示方式向交易相对方支付折扣，或者向中间人支付佣金。经营者向交易相对方支付折扣、向中间人支付佣金的，应当如实入账。接受折扣、佣金的经营者也应当如实入账。经营者的工作人员进行贿赂的，应当认定为经营者的行为；但是，经营者有证据证明该工作人员的行为与为经营者谋取交易机会或者竞争优势无关的除外。"回扣是指经营者销售商品时在账外暗中以现金、实物或者其他方式退给对方单位或者个人的一定比例的商品价款。由此可见，佣金与回扣是两个概念。回扣是非法行为，而佣金则是合法的，《反不正当竞争法》认可了佣金的合法性。

佣金与回扣有着本质的区别，具体内容如下：

（1）佣金是由经营者付给中介人或居间人的，而回扣则是付给交易相对人的。

（2）佣金是以明示的方式公开支付的，而回扣是秘密给付的。

（3）佣金是履行居间合同的形式，是支付给中间人的正当的劳务报酬；回扣则是利用交易相对人的权力来获取交易机会。

（4）佣金不仅要规定于合同中，而且要按正规程序出具票据，记入会计账目，缴纳税款；大多数情况下回扣既不入账，也不纳税，属于"黑色收入"。

（二）渠道美容医疗机构高额返佣的性质认定

医美行业发展早期，渠道美容医疗机构返佣比例尚且在20%～30%。此后一些大型的渠道连锁机构崛起，加入医美行业的竞争，返佣比例逐步提升至50%～60%。随着医美的逐渐普及，行业竞争加剧，渠道美容医疗机构把返佣比例调到80%。渠道美容医疗机构的一个显著特点是通过个人账户来完成交易，消费者在接受医疗美容服务后，美容医疗机构会选择提供收据而非发票。此种情况下，考虑到某些医疗美容项目具有较高的利润空间，如果渠道美容医疗机构给予中间方的返佣超过50%，且这一费用未在美容医疗机构的公开账目中列明，那么渠道医美可能面临税务合规风险，也有可能被认定为商业贿赂。

中介与美容医疗机构之间的合作关系可以视为中介为美容医疗机构提供居间服务。根据《关于禁止商业贿赂行为的暂行规定》第二条的规定，商业贿赂是指经营者为销售或者购买商品而采用财物或者其他手段贿赂对方单位或者个人的行为。由此可知，商业贿赂的本质是通过财物或者其他手段贿赂目标客户，破坏公平的竞争机制以获得交易机会，或改变预期的交易条件以获得更高的利润，贿赂双方据此获得的利益均为非法利益。

在司法实践中，判断渠道美容医疗机构高额返佣行为是否构成商业贿赂主要应当从以下六个方面来认定，如图4-1所示。

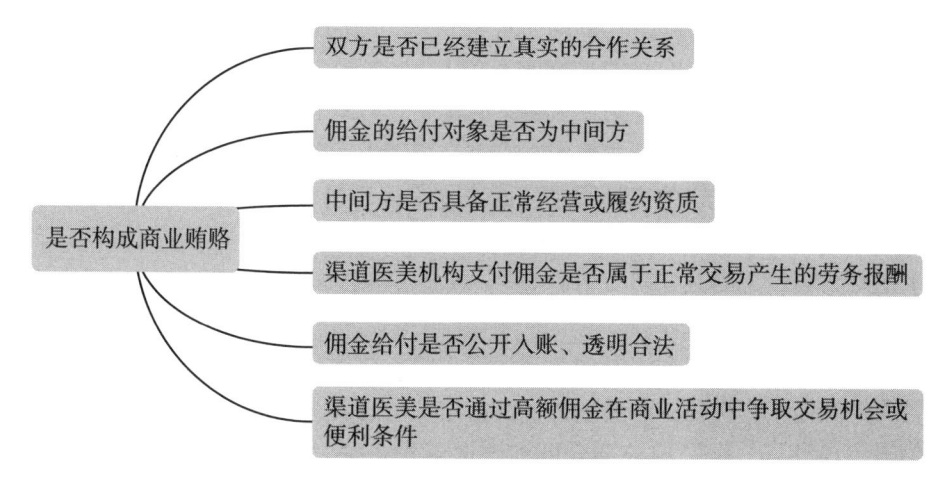

```
是否构成商业贿赂
├── 双方是否已经建立真实的合作关系
├── 佣金的给付对象是否为中间方
├── 中间方是否具备正常经营或履约资质
├── 渠道医美机构支付佣金是否属于正常交易产生的劳务报酬
├── 佣金给付是否公开入账、透明合法
└── 渠道医美是否通过高额佣金在商业活动中争取交易机会或便利条件
```

图 4-1 商业贿赂的认定

（三）渠道医美返佣存在的法律风险

《关于禁止商业贿赂行为的暂行规定》第六条规定，经营销售商品，可以以明示方式给予对方折扣。经营者给予对方折扣的，必须如实入账。《民法典》第九百六十三条规定，中介人促成合同成立的，委托人应当按照约定支付报酬。因此，在真实交易背景下，渠道医美向中间方支付佣金是合理合法的。

通常而言，司法实践中，渠道美容医疗机构若存在以下行为，则可以被认定为扰乱了公平的市场交易秩序，构成商业贿赂：

（1）佣金支付比例过高；

（2）合作过程不透明，中间方与渠道医美没有签订正式合同，不能证明双方之间存在真实的居间服务关系；

（3）高额佣金没有开具发票并依法纳税。

一旦被认定为构成商业贿赂，根据《反不正当竞争法》的规定，美容医疗机构可能面临被没收违法所得，并处以十万元以上三百万元以下的罚款，情节严重的，还会被吊销营业执照。若该行为给他人造成损害，还应当依法承担民事责任。返佣金额较大的，相关人员或者单位还可能构成刑事犯罪。

[参考案例1] 某沪中医疗美容门诊部商业贿赂案

[基本案情] 沪中医美与拟成立网络直播公司的个人费某约定，由其作为渠道商，为沪中医美介绍客户资源，以客户美容项目实际成交额40%~60%的返款比例向费某支付"好处费"。交易达成后，沪中医美按照约定，通过公司账户分别向费某个人账户转账6000元和1.5万元，合计支付给费某"好处费"2.1万元。

[法律分析] 沪中医美为谋取交易机会和竞争优势，按照美容项目的交易额

向交易第三方费某支付一定比例的"好处费",该交易的第三方费某,属于"利用职权或者影响力影响交易的单位或者个人",本案中的沪中医美医疗美容项目的成交机会,完全赖于交易第三人费某的推介。费某利用其直播公司投资人和负责人的身份,在招聘主播的过程中,以交易相对人面部容貌不符合主播岗位要求为由,创造了医疗美容的市场需求。而医疗美容市场作为一个开放竞争的市场,沪中医美不当然享有相关交易机会的独占权,其通过按美容项目的交易额向有影响力的交易第三方费某支付"好处费",锁定了相应的交易机会,排斥了竞争对手,破坏了市场经营秩序。

交易第三人费某,利用其雇主和招聘方的优势地位,将相应的医疗美容服务项目作为胜任工作岗位的必要条件,并指定沪中医美为交易对象,导致交易相对方为追求自身与工作岗位的契合度和谋取工作机会,作出本不会作出的交易决策,亦剥夺了交易相对方对医疗美容服务主体及医疗美容服务项目的自主选择权,损害了交易相对方(消费者)的利益。

[**处罚结果**] 沪中医美的行为违反了《反不正当竞争法》第七条第一款第三项"经营者不得采用财物或者其他手段贿赂下列单位或者个人,以谋取交易机会或者竞争优势:……(三)利用职权或者影响力影响交易的单位或者个人"之规定,依据《中华人民共和国反不正当竞争法》第十九条"经营者违反本法第七条规定贿赂他人的,由监督检查部门没收违法所得,处十万元以上三百万元以下的罚款。情节严重的,吊销营业执照"之规定,被没收违法所得 2.984 853 万元,并处罚款 30 万元。

[**参考案例2**] 某鸿滨医疗美容门诊部有限公司商业贿赂案

[**基本案情**] 自 2022 年 3 月起,鸿滨医美通过相关人员的个人账户和公司账户转账给上海椒馨美容美发店等公司的员工,以激励其员工为沪中医美介绍医疗美容客户。截至案发,鸿滨医美共获取对方介绍的客户 9 名,该 9 名客户在鸿滨医美的医疗美容处共计消费 24.72 万元,鸿滨医美转账支付贿赂款人民币 13.38 万元。

[**法律分析**] 鸿滨医美为谋取交易机会和竞争优势,向交易第三方美容美发店的工作人员支付一定比例的"好处费",该交易的第三方,属于"利用职权或者影响力影响交易的单位或者个人",本案中的鸿滨医美医疗美容项目的成交机会,部分来源于交易第三方的推介。美容美发店的工作人员利用其美容院职工的身份,在提供生美服务的过程中,向其客户推介鸿滨医美。而医疗美容市场作为一个开放竞争的市场,鸿滨医美不当然享有相关交易机会的独占权,其通过向有影响力的交易第三方支付"好处费",锁定了相应的交易机会,排斥了竞争对手,损害了市场经营秩序。

[**处罚结果**] 鸿滨医美的行为违反了《中华人民共和国反不正当竞争法》第

七条第一款第三项的规定（经营者不得采用财物或者其他手段贿赂利用职权或者影响力影响交易的单位或者个人），根据《中华人民共和国反不正当竞争法》第十九条的规定，责令沪中医美停止违法行为，并对其作出行政处罚如下：罚款 48 万元。

第二节　医美平台

美容医疗机构为了多渠道获得客源或者提高曝光度，往往会入驻线上 App、网站或者小程序，即所谓的为第三方发布或提供医疗美容有关的信息、咨询、社区和商品或服务信息的网络平台。医美平台通过网站、微信公众号和移动端 App 连接了美容医疗机构、医生和消费者等上、下游市场主体，推送自身的商品和服务，实现了资源的高效整合与流通，可以获取更多的交易机会。然而，这种业务推广模式存在法律风险，给美容医疗机构的合规管理带来新的挑战。

一、美容医疗机构入驻平台潜在的法律风险

在美容医疗机构与医美平台的合作中，存在着一系列复杂的风险因素，这些风险需要被进行细致的分析和管理。其中主要涉及资金风险、税务风险、营销推广风险和数据侵权风险。资金风险主要表现为平台代收费用和合作费用较高，可能导致美容医疗机构现金流紧张、呆账坏账问题严重，以及在顾客退费或索赔时的经济损失。此外，平台的保证金或押金收取也带来了额外的财务风险。税务风险涉及因发票问题导致的税务稽查和罚款，以及服务项目可能不符合免税条件，从而产生偷漏税的风险。这就要求美容医疗机构在开票事宜上必须严格遵守规定，以避免产生不利的法律后果。营销推广风险则体现在美容医疗机构可能为了销售转化而采取不合规的宣传手段，如虚假承诺、使用对比照或刷单炒信等，这些行为不仅可能违反法律法规，还可能导致严重的行政处罚和使消费者权益受损。数据侵权风险主要包括肖像侵权和个人信息泄露。肖像侵权风险则涉及未经许可使用他人肖像进行宣传，尤其是明星肖像，这不仅侵犯了肖像权，还可能对美容医疗机构的声誉造成负面影响。个人信息风险则关注在合作过程中对求美者个人信息的保护，数据泄露不仅会损害消费者的信任，还可能影响美容医疗机构的业务和消费者体验。

二、医美平台适当履行审查义务

《电子商务法》规定，电子商务平台经营者应对平台内经营者销售的商品或者提供的服务尽到审核义务，对消费者尽到安全保障义务，并对平台经营者的违

法行为采取必要措施；未采取必要措施的，以及未尽到审核义务或者安全保障义务，而造成消费者损害的，应当承担相应的责任。医美平台作为提供网络的第三方平台，应当对平台内的美容医疗机构等市场主体的资格进行审查，适当履行审查义务。审查机制可采取事前审核和事中审核，具体如下：

（一）事前审核：主体信息核验、登记和报送

医美平台经营者应当要求申请进入平台销售商品或者提供服务的经营者提交其身份证明、地址、联系方式、行政许可等真实信息，进行核验、登记，以及建立档案，并向市场监管部门报送该等信息。

特别地，就上述医美平台经营者核验"行政许可"而言，如入驻的经营者为美容医疗机构，医美平台经营者应尤其关注美容医疗机构和医务人员的行业资质和许可，包括《医疗机构执业许可证》《医师执业证书》和医疗广告审查证明等；同时，如医美平台所提供的商品涉及药品/医疗器械，则其自身应取得《互联网药品信息服务资格证书》。

（二）事中审核：定期核验、交易信息记录和报告

医美平台经营者应当对平台内经营者的资质资格进行定期核验更新，对平台上发布的商品和服务信息、交易信息进行记录、保存（不少于3年），并确保信息的完整性、保密性、可用性。对医美平台而言，其经营者应严格执行定期核验更新制度，关注平台内经营者所销售的相关药品（如肉毒抗毒素，即俗称的"肉毒素"）、医疗器械（如透明质酸钠，即俗称的"玻尿酸"）是否取得有效的药品注册证书、医疗器械注册或备案证明文件。

[参考案例1] 近百位明星起诉新氧医美案

[基本案情] 企查查显示，北京新氧科技有限公司（以下简称"新氧公司"）成立于2013年11月，是国内知名新氧医美App的母公司，其2019年在美国上市，成为国内"互联网医美平台"第一股。2016年10月以来，新氧公司涉及一百多起网络侵权责任纠纷案件，起诉方包括杨某等近百位明星，原告认为新氧公司侵犯了他人的肖像权、姓名权。

[参考案例2] 岳某某起诉更美App网络侵权案

[基本案情] 北京完美创意科技有限公司（以下简称"北京完美公司"）在其微信公众号"更美"中发布标题为《岳某某终于翻车了！》的配图文章，未经岳某某授权许可擅自使用原告多张肖像图片，并在文章的显著位置植入"更美更有钱更多爱"的广告宣传语及微信公众号二维码等商业宣传信息。

法院认为，北京完美公司在其微信公众号中使用岳某某肖像图片吸引相关公众关注、阅读，推广被告的服务，现北京完美公司未提交证据证明其使用岳某某的肖像取得了授权，其行为侵犯了岳某某的肖像权。此外，还应结合岳某某的知

名度、被告主观过错程度、使用岳某某肖像的数量、时间、用途、微信公众号影响力及当前的市场因素酌情确定赔偿金额。最终法院判决被告北京完美公司在其微信公众号"更美"的显著位置连续五日刊登致歉声明，向原告岳某某公开致歉，同时判决北京完美公司赔偿岳某某经济损失3万元。

[参考案例3] 医美平台内经营者虚假宣传案

[基本案情] 2021年北京市朝阳区市场监督管理局经查发现，当事人运营的"XXApp"为专业医疗美容平台，平台方为平台内经营者即美容医疗机构提供信息服务，为平台内经营者和用户提供交易场所，用户在平台支付预付款，并在线下完成交易后平台会按照协议扣除信息服务费，再将余款项打给平台内经营者，故当事人属于电子商务平台经营者。市场监督管理局在检查中发现平台内多家美容医疗机构于2017年4月7日至2021年4月28日分时段发布的医疗美容服务项目标题中包含赠送"医用面膜"产品的信息，在对平台内美容医疗机构进行调查时发现，其所宣传的"医用面膜"实则为"医用冷敷贴""医用敷料"。平台内经营者在宣传信息中将国家医疗器械的产品"医用冷敷贴""医用敷料"称为"面膜"，是对商品性能、功能作的虚假商业宣传，违反了《反不正当竞争法》第八条第一款的规定，对消费者造成了误导。医美平台明知或者应知存在利用其平台侵害消费者合法权益的行为而并未采取必要措施，故被处以10万元罚款。

第三节 医美培训

随着医疗美容行业的快速发展，对专业人才的需求日益增长，医美培训成为行业关注的焦点。合规的培训不仅能够提升医疗服务质量，保障消费者权益，还能促进整个行业的健康发展。下面将探讨美容医疗机构在开展医美培训时必须遵循的合规要点。

一、培训资质审核

培训资质是医美培训合规性的基石。美容医疗机构必须确保其培训项目获得相应的教育或卫生部门批准，并且仅对具有医疗背景的专业人士开放。例如，某美容医疗机构因对非医疗专业人员提供注射类培训而被查处，这一案例凸显了培训资质审核的重要性。美容医疗机构应通过严格的资质审核流程，以确保培训参与者具备相应的专业背景和资格。

二、专业培训内容的制订与监管

培训内容的专业性和合规性直接关系到培训质量和医疗服务安全。美容医疗机构应依据医疗美容行业标准和最佳实践制订培训内容，避免推广未经验证或非法的医疗美容方法。例如，一些培训机构因教授未经批准的微整形技术而受到法律制裁，这体现了专业培训内容的必要性。

三、培训师资管理

优秀的师资队伍是提高培训质量的关键。美容医疗机构应确保讲师具备国家认可的专业资格和丰富的临床教学经验。然而，聘请合格的讲师并非易事，机构需要投入大量资源进行师资选拔、培训和管理。例如，一家医美培训机构因聘请不具备教学资格的人员担任讲师，导致培训质量下降，最终受到行业警告。

四、培训资料的科学性与更新

教学资料是传授知识的重要媒介，其科学性和准确性对培训效果至关重要。美容医疗机构应定期审查和更新教学资料，以确保其基于最新的科研成果和临床实践。使用过时或夸大的医疗资料不仅会误导学员，还可能引发法律风险。

五、培训效果评估的方法

理想的培训效果评估能够确保学员掌握必要的技能和知识。美容医疗机构应建立包括理论考核、实践操作和长期跟踪在内的评估体系。例如，某知名医美培训机构通过定期的考核和学员反馈，持续改进课程内容和教学方法，获得了行业认可。

六、广告合规宣传

宣传是吸引学员的重要手段，但合规宣传同样重要。美容医疗机构应确保宣传材料真实反映培训内容和效果，不得夸大其词或进行虚假宣传。例如，一家医美培训机构因在宣传中承诺"保证就业"等不实信息，被监管机构处以罚款。

七、信息共享与透明度的实现

透明度是建立公众信任的关键。美容医疗机构应通过正规渠道公开培训信息，包括课程大纲、讲师资质、培训成果等，以便于监管和公众监督。透明的信息共享不仅能够提升机构的信誉，还能促进行业的健康发展。

医美培训的合规性对于提升医疗服务质量、保障消费者权益和促进行业健康发展具有重要意义。美容医疗机构应从培训资质审核、专业培训内容制订、师资管理、教学资料审核、培训效果评估、合规宣传、信息共享和持续监管等方面入手，建立全面的合规培训体系。

第四节　医美直播

现阶段国家对医美行业开启了强监管模式，对医美直播提出了更为严苛的要求。例如，2021年，国家市场监管总局发布《医疗美容广告执法指南》，对违反药品、医疗器械、广告等法律法规规定、制造容貌焦虑等行为予以重点打击。2022年，杭州市和成都市市场监督管理局都发布了《医疗美容网络直播领域行政合规指导清单》，明确了医美广告和广告之外的商业宣传之间的界限、医美直播和医疗广告的关系，以及平台在医美直播中的职责。2023年，国家市场监管总局修订发布了《互联网广告管理办法》，这对规范互联网的广告营销、维护消费者利益、加强互联网广告执法等具有重要意义。此种环境在一定程度上限制了医美直播，但是也应当认识到，医美直播的合规化发展让合法的医美直播和医美产品有了更大的发挥空间。

一、医美直播的定性

目前并没有法律、行政法规或者监管政策明确规定将医美直播定性为医疗美容广告。根据《互联网广告管理办法》第十九条"商品销售者或者服务提供者通过互联网直播方式推荐商品或者服务，构成商业广告的，应当依法承担广告主的责任和义务"的规定，构成"商品销售者或者服务提供者通过互联网直播方式推荐商品或者服务"的，不一定属于商业广告，而可能构成商业宣传。

根据《广告法》第二条的规定，商业广告是指商品经营者或者服务提供者通过一定媒介和形式直接或者间接地介绍自己所推销的商品或者服务的商业活动。《反不正当竞争法》第八条规定，商业宣传指经营者对其商品的性能、功能、质量、销售状况、用户评价、曾获荣誉等作虚假或者引人误解的商业宣传，欺骗、误导消费者的行为。

就二者的区别而言，首先，商业广告是《广告法》上的概念，而商业宣传是《反不正当竞争法》上的概念，商业宣传的外延大于商业广告，商业广告是商业宣传的一种表现形式。其次，二者对应的处罚标准不同。最后，商业广告的监管力度远远大于商业宣传，其对应的合规要求比较多，如"前置审查义务""禁止义务""广告表明义务"等，而商业宣传所对应的合规要求只有"禁止虚假宣传"。

基于商业宣传概念外延大于商业广告，对医美直播而言，如果其不符合商业广告的构成要件，那么就有可能被依据《反不正当竞争法》认定为商业宣传，无须遵守商业广告的相关合规要求。同时，医美直播可能同时构成商业广告和商业宣传。面对这种情况，执法人员一般会根据行为所侵害的主体利益来判断适用哪种法律。如实际违法后果侵犯了消费者权益，有关部门将可能更倾向适用《广告法》等相关法律法规；如实际违法后果侵犯了同行企业利益，或既侵犯消费者权益亦侵犯同行企业利益，则更倾向适用《反不正当竞争法》。

由于医美直播的形式各种各样，内容丰富多彩，在实践中需要结合各地关于商业宣传的地方性条例、商业广告和商业宣传的不同属性，以及直播的各种表现形式、内容、语境等，才能对医美直播的性质作出判断。

二、医美直播的合规建议

如前所述，虽然法律没有直接回答如医美直播带货、直播互动式咨询等行为是否属于广告的问题，但是我们可以发现，《互联网广告管理办法》及医疗美容广告监管等相关规定的发布已经表明医美直播已经告别了法不责众的时代，监管日趋严格。

（1）从商业广告、医疗广告、商业宣传三个角度评估拟开展的直播内容的性质，如果被认定为医疗广告，就需要进行广告备案审查和直播内容的合规性审查。具体审查备案要求及内容可参考《药品、医疗器械、保健食品、特殊医学用途配方食品广告审查管理暂行办法》。

（2）医美直播内容的合规性审查主要包括：

①美容医疗机构是否取得、完善、更新了《医疗机构执业许可证》等资质信息；

②直播平台是否取得《互联网药品信息服务资格证书》《互联网药品交易服务资格证书》等资格证书；

③美容医疗机构根据《医疗美容项目分级管理目录》并结合自身核准登记或者备案的诊疗科目，来制订适合本机构的直播正面目录、负面目录，即不是所有的美容项目都适合直播；

④直播内容是否符合《互联网广告管理办法》中对互联网广告的"显著标明""一键关闭"等的要求；

⑤直播内容是否不属于《医疗美容广告执法指南》第五条的情形；

⑥直播内容是否属于《互联网广告管理办法》第三条的"健康形式"和"社会主义精神文明"；

⑦直播内容是否符合《药品、医疗器械、保健食品、特殊医学用途配方食品广告审查管理暂行办法》所规定的内容真实可信，不使用极限用语或疗效保证、不得进行术前术后形象对比等；

⑧直播内容是否侵犯他人肖像权；

⑨直播中涉及的药品是否属于处方药或麻醉药品、精神药品、医疗用毒性药

品、放射性药品等特殊药品；

⑩直播中涉及的医疗器械如胶原蛋白植入剂、水光针等是否根据最新调整的《医疗器械分类目录》完成注册或备案。

三、常见医美直播"翻车"的责任承担

（一）"带货型"直播

在直播过程中，由医护人员或者主播为特定美容医疗机构进行产品（服务）推荐，直播中挂出的相应购买链接为该美容医疗机构的医美项目。根据《电子商务法》第七十四条"电子商务经营者销售商品或者提供服务，不履行合同义务或者履行合同义务不符合约定，或者造成他人损害的，依法承担民事责任"的规定，消费者购买相关产品（服务）后产生纠纷的，应当由该美容医疗机构即商家承担责任。此外，医护人员直播带货行为属于职务行为，应当由医护人员所在的美容医疗机构承担责任。

（二）个人直播

若个人主播在直播中有虚假宣传等不当行为，根据《反不正当竞争法》第八条"经营者不得通过组织虚假交易等方式，帮助其他经营者进行虚假或者引人误解的商业宣传"的规定，主播需要承担虚假宣传的相应责任。需要注意的是，如个人主播隶属于MCN机构，则主播的行为属于履职行为，应当由主播所在的MCN机构承担相应责任。

（三）医美集合店直播

医美集合店对外以独立经营者的身份入驻各直播营销平台，并宣称对医美项目的选择和各美容医疗机构的资质、设备、使用的医美原材料都有严格的把控，此种情况下消费者选择项目往往是基于对集合医美店品牌的信任或选品信任。因此，此种模式下的医美集合店与提供实际产品（服务）的美容医疗机构均属于经营者，如遇相关纠纷，应当承担连带责任。当然，各类医美集合店通常会通过协议的方式将责任推脱至实际提供服务的美容医疗机构，但其调整的是内部法律关系，并不妨碍消费者要求医美集合店与实际提供服务的美容医疗机构承担连带责任。医美集合店直播模式下，主播与直播平台的责任承担方式与"带货型"医美直播中的相同。

（四）直播营销平台的责任

根据《电子商务法》第三十八条的规定，电子商务平台经营者知道或者应当知道平台内经营者销售的商品或者提供的服务不符合保障人身、财产安全的要求，或者有其他侵害消费者合法权益行为，未采取必要措施的，依法与该平台内

经营者承担连带责任。对关系消费者生命健康的商品或者服务，电子商务平台经营者对平台内经营者的资质资格未尽到审核义务，或者对消费者未尽到安全保障义务，造成消费者损害的，依法承担相应的责任。因此，如医美机构的直播营销平台存在上述情形，则直播平台应根据具体情况承担连带责任或相应的责任（补充责任等）。

第五节 "医美贷""医美分期"业务

医疗美容在大众的生活中普及率越来越高，但是医疗美容服务相对高昂的费用，使得很多求美者望而却步。医疗美容行业为了给求美者提供更多的可能和选择，衍生出"医美贷""医美分期"等贷款业务，这在一定程度上缓解求美者的经济压力，然而"医美贷""医美业务"乱象丛生，因此，美容医疗机构从事此类业务切不可逾越法律的红线。

一、法律视域下的"医美贷"业务

（一）"医美贷"的含义

"医美贷"，又称为医美分期，是指金融机构与美容医疗机构合作向医美消费者发放的用于医疗美容的贷款。2015年，随着P2P业务的火爆，"医美贷"这一专门为医疗美容行业服务的贷款模式也应运而生，金融机构、商业保理机构先后进入医美贷市场，形成了一套较为成熟的业务模式。

（二）医美贷业务下的法律属性

美容医疗机构作为提供医疗美容服务的主体，只收取医疗美容服务对应的费用，一般情况下不直接参与消费者与金融机构之间的借贷关系或金融服务关系。随着医美行业的多元化发展，有些美容医疗机构逐渐开始通过与金融机构及其合作的第三方机构、其他第三方机构进行合作，以达到营销、推广、导流、促成医美服务交易和贷款业务等商业目的。在这种合作模式下，若美容医疗机构接受渠道服务的，则可能会向第三方机构支付佣金或报酬；若美容医疗机构提供助贷服务，则可能会向金融机构或第三方机构收取佣金或报酬。

美容医疗机构不属于金融机构，不从事金融业务，其上述行为虽然不直接适用金融监管部门或行业自律协会发布的监管规定或规范性文件，但美容医疗机构可能因为与金融机构或其合作的第三方机构开展合作、基于合同的约定而需要遵守金融监管方面的规定或要求。除此之外，美容医疗机构从事"医美贷"相关业务的，需要遵循卫健部门、市监部门发布的相关规定及要求，具体包括但不限于正当竞争、消费者权益保护、个人信息保护、医疗美容诊疗活动开展等方面的合规要求。

二、"医美贷"潜在的合规风险提示

美容医疗机构从事"医美贷"相关业务的，其主要应关注和控制如下风险：

（一）合作金融机构的资质风险

"医美贷"属于特许经营的消费金融产品及服务，其应由取得相应金融业务资质的机构提供。美容医疗机构在满足消费者分期支付需求的同时，还需要注意控制和防范"黑分期""黑户贷"等风险，其应当选择与证照齐全、依法合规经营的金融服务商或持牌金融机构等合作。

相应地，美容医疗机构在与金融机构合作的过程中，可以建立准入与退出机制以管控相应的风险。在双方签署合作协议开展"医美贷"业务前，充分地审查金融机构的相应金融业务资质情况，以及证照是否齐全，同时充分了解金融机构在主动履行消费者权益保护、投诉和负面舆情等方面的信息。在双方合作过程中，美容医疗机构应关注金融机构在前述方面的信息，若存在侵害消费者权益的行为或负面舆情信息，则应及时启动退出机制，终止合作，避免对更多的消费者造成影响，以及保护美容医疗机构的利益。

（二）广告合规风险

美容医疗机构在从事"医美贷"业务过程中，若其涉及宣传或介绍业务，首先需评估该等宣传或介绍的行为及内容，是否会构成医疗美容广告，构成医疗美容广告的，必须依法取得《医疗广告审查证明》。其次需依法规范医疗美容广告的内容和形式，广告内容应当以真实性为基准，不得虚假宣传、利用广告代言人为医疗美容做推荐、证明，以及发布毒性药品广告等。

同时，还应注意评估等宣传或介绍的行为及内容是否会构成金融营销宣传行为。根据《关于进一步规范金融营销宣传行为的通知》的规定，金融营销宣传行为是指金融产品或金融服务经营者利用各种宣传工具或方式，就金融产品或金融服务进行宣传、推广的行为。若构成金融营销宣传行为，则美容医疗机构需要取得金融业务资质的金融产品或金融服务经营者的委托。但需要注意的是，根据《医疗纠纷预防和处理条例》第九条第一款"医疗机构及其医务人员在诊疗活动中应当以患者为中心，加强人文关怀，严格遵守医疗卫生法律、法规、规章和诊疗相关规范、常规，恪守职业道德"的规定，美容医疗机构开展金融营销宣传行为可能会导致被认定为违法。

（三）不正当竞争风险

《反不正当竞争法》第七条第二款规定，经营者在交易活动中，可以明示方式向交易相对方支付折扣,或向中间人支付佣金。经营者向交易相对方支付折扣、向中间人支付佣金的,应如实入账。接受折扣、佣金的经营者也应如实入账。美容医疗机构在从事"医美贷"业务的过程中可能会成为支付佣金的一方或者收取佣金的一方,因此,美容医疗机构应当关注商业贿赂等不正当竞争的风险,并确保相关佣金如实入账。美容医疗机构接受渠道服务的,应当与合作方签署书面协议,开具正规发票、如实入账;美容医疗机构接受合作方支付佣金的,其将不可避免地主动推介合作方"医美贷"等相关产品,进而可能存在被认定为未遵守医疗诊疗规范的风险。

(四) 内部欺诈风险

实践中,美容医疗机构涉及"整形贷""套路贷"或"黑户贷"的案件频发,其风险在于贷款资金未实际用于消费,或消费后以一定的方式转回贷款人,或美容医疗机构员工挪用贷款资金,以实现套取甚至骗取贷款资金。结合实践案例看,前述违规、违法行为通常是员工与客户内外勾结、合作实施的,对美容医疗机构而言,若员工出现前述行为,则可能会导致声誉受损以及因合规管理不当导致单位对员工的行为承担责任。

[参考案例1] 最高检公布的依法惩治医疗美容领域违法犯罪的案件

[基本案情] 2020年4月至2021年3月,A公司利用网络平台发布信息,宣称该公司招募互勉整形案例模特,整形手术费用由医院全额补贴。公司医疗美容顾问等人谎称消费者只需完成每月推荐3至5名女性微信好友成为公司客户(不要求消费)及发送数张整形手术后照片的简单任务,就可以免费整形;消费者需要自费支付或以个人名义贷款的,将全部整形费用先行支付至A公司,后由A公司分期返还全部整形费用,消费者仅需承担贷款利息费用。A公司诱骗消费者以高于市场价格的整形费用消费多款整形项目,并在A公司指定的多个金融服务公司申请个人消费贷款。在向消费者分期返还少部分整形费用后,A公司便会以医疗美容顾问离开公司或任务升级、消费者推荐的客户必须在公司实际消费为由,拒绝继续向消费者返款。由此,A公司相关涉案人员形成了套路化的行为模式,大肆实施"整形贷"诈骗活动。

[参考案例2] 医某道公司骗取医美贷款案

[基本案情] 医某道公司与D公司签订"新颜分期"贷款的特约商户合作协议,D公司负责在资金方某某有限责任公司放贷前,做好客户引流、资料数据整理分析、信用评级管理等事宜。医×道公司以免费做医美整形项目为诱饵招揽客户,向客户(含部分本公司员工)承诺以其名义申请的"新颜分期"贷款由医某道公司承担还款,被告人陈某在明知公司经营不善,处于亏损的情况下,仍根据医某道公司的决策安排,作为院长予以落实执行,且参与接待部分客户进行医

美项目"面诊"销售。被告人袁某使用客户手机操作办理贷款，当遇到被害人单位核实医美项目的真实性时，其提供虚假手术照片等不实信息以通过贷后审查，咨询接待客户时会指导其隐瞒真实情况做虚假回答。2021年7月至9月，医某道公司以上述手法借用客户名义申请"新颜分期"贷款30笔，骗取某某有限责任公司向医某道公司发放贷款共计127.94万元。最终本案两名被告人也被以合同诈骗罪定罪量刑。

（五）侵犯个人信息、数据安全风险

美容医疗机构和相关金融机构在合作开展"医美贷"项目时，会相应收集消费者的个人信息、医疗数据以及金融相关信息，并且利用相关网络信息系统进行统一管理。由此，美容医疗机构应注意履行《个人信息保护法》《网络安全法》《数据安全法》中的个人信息保护义务、网络安全义务以及医疗数据安全义务等，以降低相应信息数据违法收集、违法泄露、违法使用等违规法律风险。

三、从事"医美贷"业务的合规建议

（一）规范经营

"医美贷"涉及分期付款，并不能一概而论都是诈骗行为。但是该模式的金融风险较大，因此，美容医疗机构在引用此模式时要注意合规经营。如果想杜绝因医美贷模式造成的不良商业风险，就要首先规范管理，建立严格的制度体系。在创办时严格遵循医美市场的准入条件，办理相关执业许可、资质许可，在日常运营中注意场所设备的规范使用，并做好员工培训和监督，以杜绝业务人员的乱收费现象。

（二）审慎义务

一方面，美容医疗机构在选择合作的贷款机构时应深入了解和审查合作对象。中整协《关于在"中国医美"监督自律信息平台公示医疗美容金融服务机构名单的通知》（以下简称"《通知》"）中明确了合规开展医疗美容消费金融服务的单位的基本要求。按照《通知》的要求，美容医疗机构应选择设立并持续运营3年以上的金融服务商，持牌金融机构或持牌小贷公司，并且在决定合作时对合作对象进行调查，重点审查合作对象公司及高管、股东是否发生过重大违法事件或接受过行政处罚，以及合作对象公司的股东及关联公司是否从事/属于医美行业。

另一方面，美容医疗机构应当对消费者的收入情况、支付能力和还款能力有一定了解，如根据工作、收入等情况大致评估消费者的还款能力。对于经评估还款能力较低者，美容医疗机构应向合作的贷款公司披露情况，提供真实资料、配

合贷款公司对消费者进行贷款资格的审查。此外，美容医疗机构若以"黑户可贷""学生及未成年人可贷"等字眼进行宣传，造成贷款公司贷款无法收回的，美容医疗机构可能涉嫌骗取贷款罪、贷款诈骗罪。因此，美容医疗机构首先应当避免为招揽业务而开展此类活动、进行此类宣传，还应当按照国家监管规定（如中国银保监会等五部门《关于进一步规范大学生互联网消费贷款监督管理工作的通知》）的要求，明确拒绝学生贷款整形的申请，更不能帮助其隐瞒学生身份申请医美贷。

（三）合规宣传

美容医疗机构在医美贷业务中涉嫌违法犯罪的，一般具有"虚构事实、隐瞒真相"的特征，可见虚假宣传是共同的构成要件。即使是正规经营的美容医疗机构，虚假宣传亦可能引发法律风险或刑事风险，因此美容医疗机构在宣传时需要注意合规宣传，把控宣传质量，避免不切实际的虚假宣传，以及为了招徕客户而作出虚假承诺。对于一些帮助美容医疗机构宣传，美容医疗机构会给予提成的中间商、广告商发布的广告等，美容医疗机构也应在广告发出前进行谨慎审查，查看有无虚假宣传的成分，如有虚假宣传的内容应当立即撤换。

第六节　医美投资并购交易活动

一、资本聚焦：医美行业投融资和收并购现状

通过网络公开信息查询，目前获得融资的医美企业多为上游厂牌，涉及原料、医疗器械、产品的研发制备等多类企业，而中下游的机构则多为轻体量的连锁机构，如秋涛美肤、宸辉医美、蛋壳基因等，这是目前医美市场的发展风向。2023年医美行业投融资事件有22起，如斯凯沃创投投资轻医美连锁品牌"蛋壳肌因"、雅胜投资医美SaaS平台睿美云、江苏君盈创投集团有限公司投资医美连锁品牌"宸辉医美"等。如今医美市场已经渐渐走入增量竞争的时代，同质化产品、性价比产品不再是破局的第一要素，在产品、原料、技术上具有创新性，在运营模式上更符合时代特点的企业更容易得到资本的青睐。

近年来，医美行业发生的收并购重组事件多出于多元化经营、上游企业后向一体化、中游企业扩大规模等目的，如朗姿股份收购昆明韩辰75%股权，康哲药业收购上海旭俐100%股权，江苏吴中收购尚礼汇美60%股权，等等，从而优化了医美产业布局，扩大了医美产品供给。

二、投资并购美容医疗机构的审查要点

(一) 投资者/收购者视角

无论是投资者还是收购者,不仅要核查股权及历史沿革、业务资质及许可、人员资质、重大资产、环保消防及安全、劳动、行政处罚、诉讼等常规尽调内容,还应根据目标公司定位、业务领域、经营模式的不同有的放矢。例如,投资或者收购上游的医美产品厂商应重点关注其核心产品、研发能力及知识产权问题;投资或者收购中游的美容医疗机构则应更多地关注经营资质、医师资质、内控制度、广告运营等合规问题;投资或者收购医美产业链的平台公司还应关注广告宣传合规、数据合规和个人信息保护等问题。

以投资或者收购研发类美容医疗机构为例,知识产权作为核心资产往往是尽调重点之一,也是核查目标公司是否具备自主研发及创新能力、技术是否具有变现价值的重要因素。具体而言,可核查目标公司是否存在与高校、科研机构的合作研发项目,该等项目是否已约定知识产权归属及许可事项;是否存在政府补助类的科研项目,获得的补助是否需满足纳税金额、员工就业承诺、知识产权成果数量等指标要求。

除此之外,投资或者收购美容医疗机构还可能存在如图4-2所示的法律风险,该等风险可能导致被投资主体的市场评价、产品销量及经营业绩下降,还可能受到监管部门的处罚,从而损害投资者或者收购者的利益。

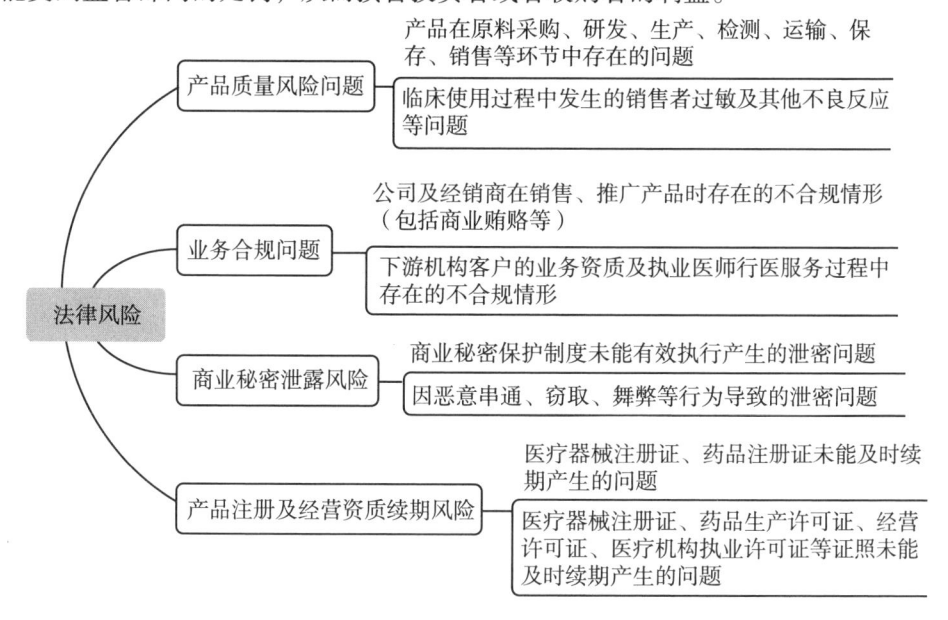

法律风险		
产品质量风险问题	产品在原料采购、研发、生产、检测、运输、保存、销售等环节中存在的问题	
	临床使用过程中发生的销售者过敏及其他不良反应等问题	
业务合规问题	公司及经销商在销售、推广产品时存在的不合规情形(包括商业贿赂等)	
	下游机构客户的业务资质及执业医师行医服务过程中存在的不合规情形	
商业秘密泄露风险	商业秘密保护制度未能有效执行产生的泄密问题	
	因恶意串通、窃取、舞弊等行为导致的泄密问题	
产品注册及经营资质续期风险	医疗器械注册证、药品注册证未能及时续期产生的问题	
	医疗器械注册证、药品生产许可证、经营许可证、医疗机构执业许可证等证照未能及时续期产生的问题	

图4-2 投资或收购美容医疗机构的法律风险

(二) 被投资者/被收购者视角

从长远来看,严格的监管政策将利好合规的市场参与者,反之,合规风险较大的市场参与者很可能在竞争潮流中被淘汰,也难以获得资本市场的青睐。

从美容医疗机构的视角来看,建议始终将合规建设作为重中之重,从设立初期就着手进行合规体系的建设,并随着经营活动的开展逐步完善公司的合规体系,包括:建立合规部门、制订合规政策(包括法律合规、知识产权合规、数据保护、反商业贿赂等)、制订合同审查及用章制度、做好政府调查预案、定期开展内部合规培训等。美容医疗机构可参考表4-1总结的美容医疗机构常见合规风险,及时开展自身"健康体检",发现并防控相关合规风险,以有效控制行政处罚甚至刑事责任风险。

表 4-1 美容医疗机构常见法律风险

序号	合规风险	法律后果
1	资质瑕疵	美容医疗机构涉及资质繁多,实务中,即使是大型的医美整形机构也有可能存在资质瑕疵的情况,进而存在被监管机构处罚的风险
2	超范围经营	实务中,一些美容医疗机构向消费者提供了超出备案/核准范围的医疗美容项目服务,存在被监管机构处罚甚至吊销经营许可证的风险
3	执业人员"无证上岗"	实务中,一些美容医疗机构存在聘请未取得相关资质的医师、护理人员的情况(如聘请未取得护士资格、未经培训的人员擅自对消费者进行皮下注射、激光治疗等)。聘用非卫生技术人员从事医疗卫生技术工作的美容医疗机构,存在被主管部门责令改正、罚款的风险;情节严重的主管机关可吊销美容医疗机构的《医疗机构执业许可证》
4	虚假宣传	一方面,一些美容医疗机构在投放广告过程中,存在夸大产品/设备功效的现象;另一方面,一些美容医疗机构通常会通过打造医生IP吸引消费者,其中存在虚构医生资历背景、误导消费者的情况。一旦被主管部门认定为违规发布医疗广告,则相应的美容医疗机构就会存在被责令改正并予以警告的风险;严重的,甚至会被责令停业整顿、吊销有关诊疗科目,直至吊销《医疗机构执业许可证》

续表

序号	合规风险	法律后果
5	使用未经注册的进口药品	在我国，进口药品必须取得相关药品的注册证书，但一些美容医疗机构存在违法使用未经注册的进口药品的情况［以"瘦脸针"为例，国家食品药品监管总局批准上市的注射用A型肉毒毒素只有兰州生物制品研究所生产的国产产品（商品名：衡力）和 Allergan Pharmaceuticals Ireland 生产的进口产品（商品名：保妥适BOTOX］，而市面上一些美容医疗机构存在向消费者注射未经国家药监总局注册的韩国瘦脸针（俗称"白毒"）的行为
6	"回扣"问题	实务中不仅存在上游药品或医疗器械生产机构为了销售产品，而向美容医疗机构或美容医疗机构的医生支付回扣的情况，而且存在美容医疗机构为了推广业务，而向下游客户支付回扣的情况。无论是上游企业还是下游企业，收取或支付回扣的情况都存在被认定为商业贿赂的可能性，亦存在被行政处罚乃至承担刑事责任的风险
7	肖像权及知识产权侵权或盗用	实务中，未经事前同意而使用明星、网红甚至客户的肖像照片在美容医疗机构网站、微信公众号等平台上进行宣传，侵犯第三方肖像权、名誉权的情况，或者在美容医疗机构运营过程中侵犯第三方知识产权的情况并不少见。对于此类纠纷，美容医疗机构可能需要花费大量的时间及资源获取替代技术或重建服务品牌，或者会推迟或停止相关服务或推广相关品牌，进而影响到美容医疗机构的业务、财务状况及经营业绩
8	资产权属瑕疵	一方面，美容医疗机构使用的房屋的土地使用权、房屋所有权权属情况对美容医疗机构业务经营稳定性、持续性都会产生较大的影响；另一方面，医疗器械等重大设备的权属情况（如通过购买/融资租赁方式取得）、查封/抵押/转让限制情况、完税情况（如涉及进口设备）也会直接影响到医疗器械资产的使用情况，进而影响到业务的持续性
9	员工稳定性	高水平的医生是最优质和稀缺的医疗资源，因此高级管理团队及其他重要员工的持续服务，将会直接影响到美容医疗机构业务发展的持续性，故在尽职调查的过程中应对美容医疗机构在维持关键员工稳定性方面的各项措施给予必要的关注

续表

序号	合规风险	法律后果
10	医疗损害责任纠纷/医疗事故频发	实务中，消费者因为手术失败或者对术后效果不满意，起诉医疗机构的案例已经屡见不鲜，这些纠纷、事故不仅会给美容医疗机构带来经济损失，也会直接影响到美容医疗机构的品牌形象

三、医美行业投资并购的法律风险控制

投融资的交易结构是买卖双方通过合同条款的形式确定的、协调与实现交易双方最终利益关系的一系列安排。作为整体交易的"顶层设计"，交易结构的设计对项目整体风险的把控尤为重要。

（一）交易架构的设计

就医美行业的投融资或者收并购项目而言，律师通常会从法律尽职调查、结构设计、境内重组（如涉及）、税务筹划等方面为客户提供专业意见。

（二）交易文件的设计

交易文件是整个交易流程中至关重要的一环，就交易文件而言，除了交易价格、付款安排等基础条款外，对陈述与保证、前提条件、过渡期安排、交割后义务、业绩承诺、最低服务期限、违约赔偿条款和终止条款等条款的把控也是十分关键的。

（1）陈述与保证条款是确立目标公司当前状况的基础，它为买卖双方提供了一个明确的风险分界点。卖方需保证其所提供的信息真实、准确，而买方则依赖这些信息来评估交易风险。

（2）前提条件条款是合同生效或交易交割的先决条件，可能包括行业主管部门的审批、外资并购时的发改、商务和外管部门的审批或备案等。这些条件的设置要充分考虑法律、财务和业务尽职调查中发现的问题，如目标公司的违规事项或需要完善的业务流程。

（3）过渡期安排条款用于规范卖方在合同签订后至交易交割前对目标公司的经营行为。通常，卖方在过渡期间进行重大经营决策或交易需要得到买方的同意。此外，过渡期安排可能与交易价格调整机制相结合，以反映过渡期间目标公司价值的变动。

（4）交割后义务条款通常涉及尽职调查中发现的需要整改的事项，这些整改可能涉及法律、财务、业务和人力资源等方面。买方可能要求卖方在交易完成后继续履行某些义务，以确保交易的平稳过渡。

（5）业绩承诺条款是投资人为了降低风险，要求卖方或目标公司的创始人对未来一定期限内的业绩作出承诺。如果业绩未达到承诺标准，则卖方或创始人可能需要支付赔偿金或进行补偿。

（6）最低服务期限条款主要针对创始人和核心团队成员，尤其是当目标公司的业务高度依赖某些关键人物时。该条款要求这些人员在交易完成后的一定期限内不得离职，以保持公司运营的连续性和稳定性。

（7）违约赔偿条款详细规定了违约事件的定义、违约后果（包括违约金或损害赔偿的计算方法）、索赔的时限和起赔金额等。这些规定为交易双方提供了在违约发生时的法律保护和救济途径。

（8）终止条款为投资者或者收购者提供了一种退出机制，明确了终止交易的条件和最长时限。在某些情况下，如卖方严重违约或交易无法满足前提条件，则买方可以依据终止条款退出交易。

第七节 医美公司上市

医美行业的产业链主要包括三个核心环节，即上游原料及药械供应商，中游服务机构如整形美容医院、门诊和诊所等，以及下游获客渠道如垂直类医美App。除了部分上游原料及药械供应商如华熙生物、爱美客等通过 IPO 直接登陆 A 股外，A 股尚无 IPO 上市的医疗美容医院、诊所。

一、上市路径选择

（一）境内上市

目前，已有多家上市公司通过并购或合作等方式涉足医美领域，也有很多美容医疗机构选择在全国中小企业股份转让系统（以下简称"股转系统"）上挂牌。

1. 上市公司收购或合作

目前，医美领域的 A 股上市公司可以分为两类：一类主要涉足医美上游产品或技术，如玻尿酸概念股华东医药（股票代码：000963）和双鹭药业（股票代码：002038）、获得利百健 SVF 技术专利产品代理权的新华锦（股票代码：600735）、乳房组织补片提供商冠昊生物（股票代码：300238）等；另一类则是整形诊所及医院，较为典型的是持有中韩两地整容机构股权的朗姿股份（股票代码：002612）和苏宁环球（股票代码：000718）。

朗姿股份和苏宁环球在上市时的主营业务均并非医美，其系通过并购/合作的方式进入医美行业。据此，笔者总结了朗姿股份和苏宁环球公开披露的主要收购/合作情况，如图4-3、图4-4所示。

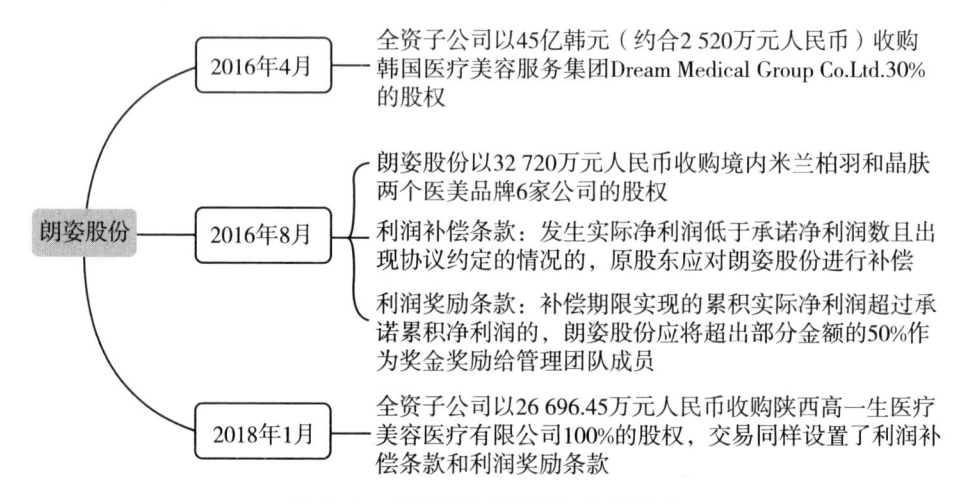

```
朗姿股份
├── 2016年4月：全资子公司以45亿韩元（约合2 520万元人民币）收购韩国医疗美容服务集团Dream Medical Group Co.Ltd.30%的股权
├── 2016年8月：
│   ├── 朗姿股份以32 720万元人民币收购境内米兰柏羽和晶肤两个医美品牌6家公司的股权
│   ├── 利润补偿条款：发生实际净利润低于承诺净利润数且出现协议约定的情况的，原股东应对朗姿股份进行补偿
│   └── 利润奖励条款：补偿期限实现的累积实际净利润超过承诺累积净利润的，朗姿股份应将超出部分金额的50%作为奖金奖励给管理团队成员
└── 2018年1月：全资子公司以26 696.45万元人民币收购陕西高一生医疗美容医疗有限公司100%的股权，交易同样设置了利润补偿条款和利润奖励条款
```

图4-3 朗姿股份主要收购/合作情况

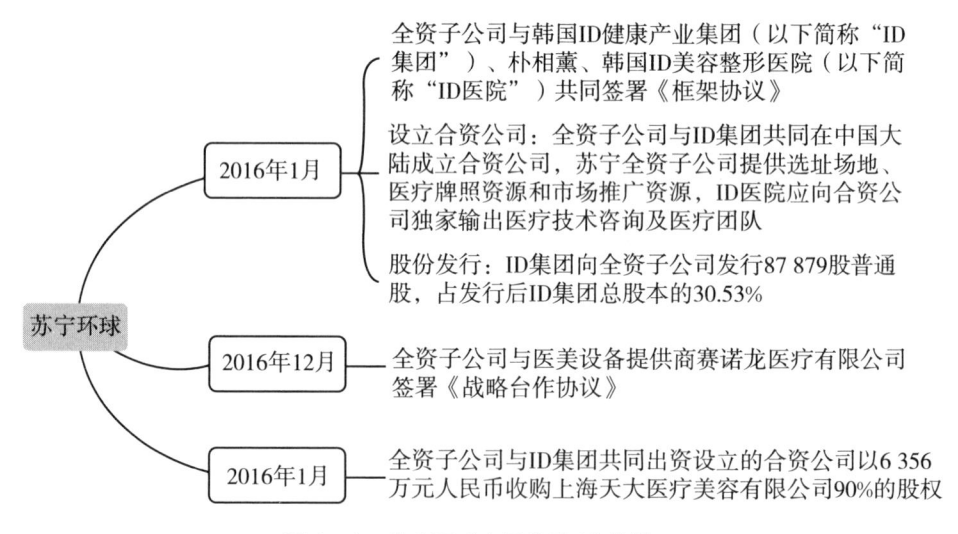

```
苏宁环球
├── 2016年1月：
│   ├── 全资子公司与韩国ID健康产业集团（以下简称"ID集团"）、朴相薰、韩国ID美容整形医院（以下简称"ID医院"）共同签署《框架协议》
│   ├── 设立合资公司：全资子公司与ID集团共同在中国大陆成立合资公司，苏宁全资子公司提供选址场地、医疗牌照资源和市场推广资源，ID医院应向合资公司独家输出医疗技术咨询及医疗团队
│   └── 股份发行：ID集团向全资子公司发行87 879股普通股，占发行后ID集团总股本的30.53%
├── 2016年12月：全资子公司与医美设备提供商赛诺龙医疗有限公司签署《战略合作协议》
└── 2016年1月：全资子公司与ID集团共同出资设立的合资公司以6 356万元人民币收购上海天大医疗美容有限公司90%的股权
```

图4-4 苏宁环球主要收购/合作情况

2. 新三板挂牌

目前，存在一定数量的美容医疗机构选择在股转系统挂牌，如华韩整形、利美康、荣恩医疗、俏佳人、瑞澜医美、京都时尚等。根据在股转系统挂牌的美容医疗机构公开披露的文件，美容医疗机构应重点关注以下问题：

表4-2 美容医疗机构新三板挂牌重点关注问题

问题类别	重点关注的问题总结
经营资质	（1）公司是否持有经营业务所需要的全部资质、许可、认证和特许经营权； （2）是否存在超越资质、经营范围、使用过期资质的情况； （3）从业人员是否已取得对应的执业资格
推广宣传	（1）广告宣传是否取得相应核准； （2）广告宣传是否存在虚假宣传、夸大疗效或通过医托招揽患者等违法、违规行为
关联交易	（1）控股股东、实际控制人及其关联方占用公司资金的情况； （2）关联方的认定； （3）关联交易的内部决策程序
股权情况	（1）股权变动合规性； （2）投资者适格性； （3）股权协议中是否涉及业绩对赌、股权回购、优先权等特殊条款； （4）股东出资合规性
环境保护	（1）建设项目已取得环评批准的情况； （2）医疗废弃物处理合规性
行政处罚	（1）处罚的原因及整改情况； （2）已发生的行政处罚是否构成重大违法、违规行为
采购合规	（1）公司采购医药、医疗器械、假体或其他采购行为的合法合规性； （2）供应商资质齐备情况
资产产权	（1）资产的产权是否清晰； （2）资产是否存在纠纷或潜在纠纷
同业竞争	（1）是否存在同业竞争的情况； （2）对同业竞争规范措施的执行情况
诉讼仲裁	（1）未决诉讼的最新进展、胜诉可能性、坏账计提准备情况； （2）未决诉讼是否影响公司财务状况和持续经营情况

（二）境外上市

一般而言，境内企业境外上市主要以直接上市或红筹上市两种方式进行。

1. 直接上市模式

直接上市模式指境内注册的公司以自己的名义向拟上市地的证券管理部门和/或证券交易所提出申请，申请在该交易所登记、注册并发行股票的上市路径。以在香港联合交易所（以下简称"香港联交所"）上市为例，一般而言，直接上市模式下的上市流程和主要工作如图4-5所示。

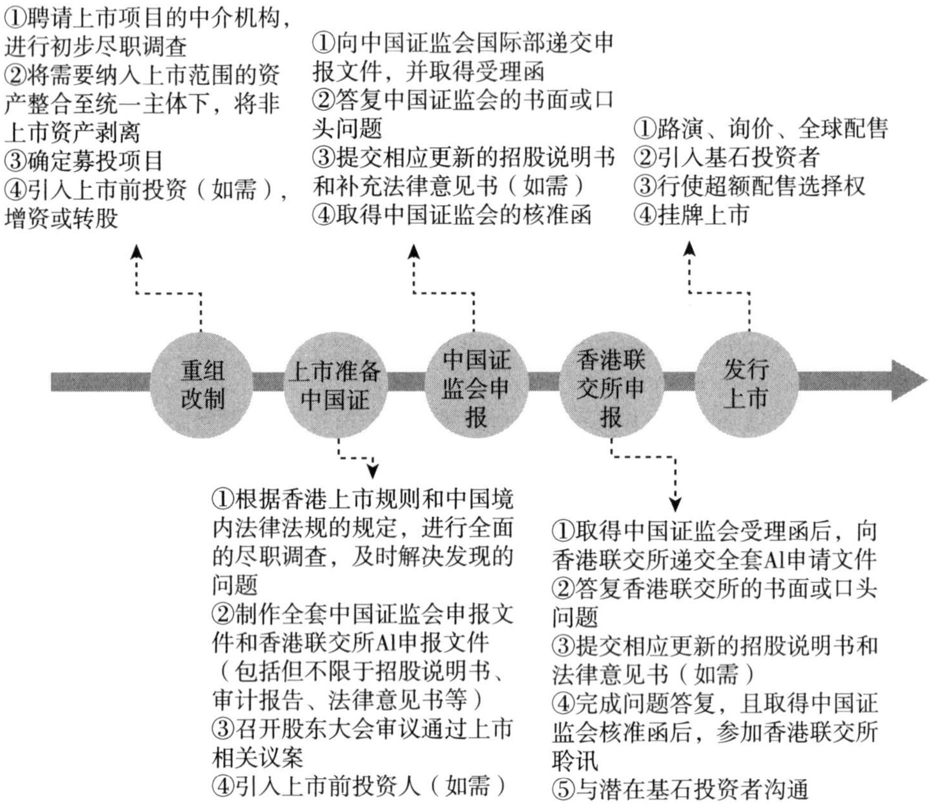

重组改制
①聘请上市项目的中介机构，进行初步尽职调查
②将需要纳入上市范围的资产整合至统一主体下，将非上市资产剥离
③确定募投项目
④引入上市前投资（如需），增资或转股

上市准备 中国证
①根据香港上市规则和中国境内法律法规的规定，进行全面的尽职调查，及时解决发现的问题
②制作全套中国证监会申报文件和香港联交所A1申报文件（包括但不限于招股说明书、审计报告、法律意见书等）
③召开股东大会审议通过上市相关议案
④引入上市前投资人（如需）

中国证监会申报
①向中国证监会国际部递交申报文件，并取得受理函
②答复中国证监会的书面或口头问题
③提交相应更新的招股说明书和补充法律意见书（如需）
④取得中国证监会的核准函

香港联交所申报
①取得中国证监会受理函后，向香港联交所递交全套A1申请文件
②答复香港联交所的书面或口头问题
③提交相应更新的招股说明书和法律意见书（如需）
④完成问题答复，且取得中国证监会核准函后，参加香港联交所聆讯
⑤与潜在基石投资者沟通

发行上市
①路演、询价、全球配售
②引入基石投资者
③行使超额配售选择权
④挂牌上市

图4-5 境内企业境外直接上市流程

2. 红筹上市模式

红筹上市又称间接上市，是指通过注册在境外的特殊目的公司（通常在开曼群岛、英属维尔京群岛或百慕大群岛）收购境内企业资产或权益并以境外特殊目的公司名义在境外证券交易所上市的方式。红筹上市模式又可以分为"大红筹模式"和"小红筹模式"："大红筹模式"是指以境内企业直接设立（且达到控股或第一大股东地位）或间接控制的境外特殊目的公司名义上市的方式，而"小红筹模式"则是指以境内自然人在境外直接设立或间接控制的特殊目的公司的名义上市的方式。以在香港联交所小红筹上市为例，一般而言，红筹上市模式下的上市流程和主要工作内容如图4-6所示。

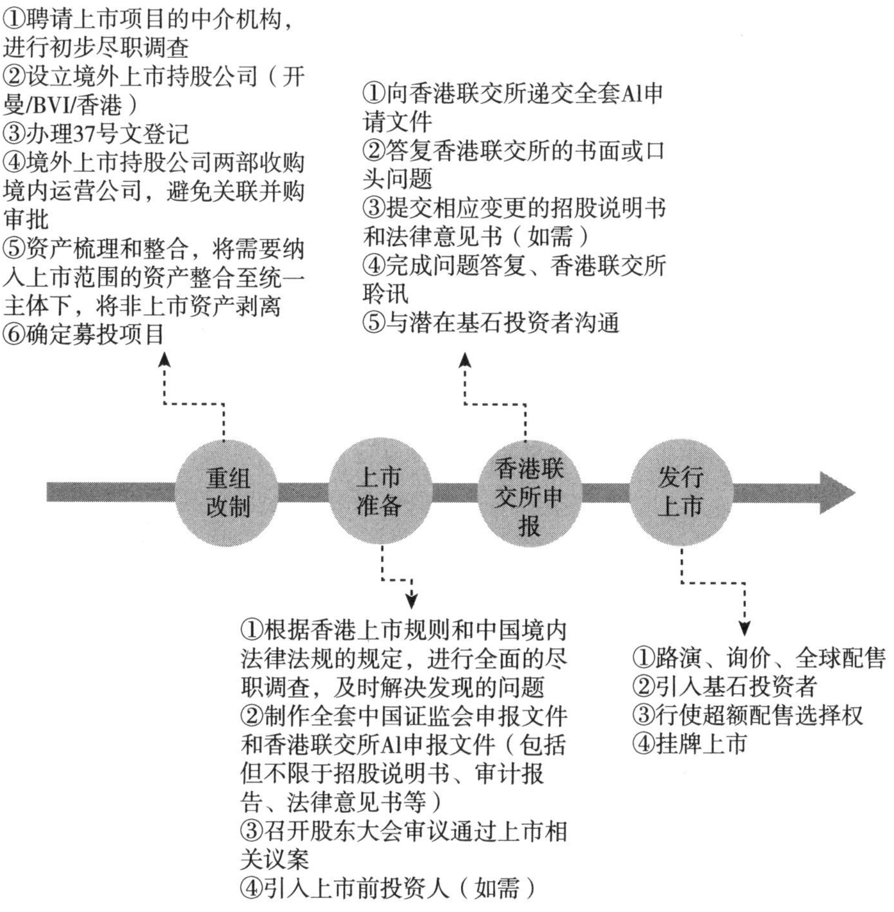

①聘请上市项目的中介机构，进行初步尽职调查
②设立境外上市持股公司（开曼/BVI/香港）
③办理37号文登记
④境外上市持股公司两部收购境内运营公司，避免关联并购审批
⑤资产梳理和整合，将需要纳入上市范围的资产整合至统一主体下，将非上市资产剥离
⑥确定募投项目

①向香港联交所递交全套A1申请文件
②答复香港联交所的书面或口头问题
③提交相应变更的招股说明书和法律意见书（如需）
④完成问题答复、香港联交所聆讯
⑤与潜在基石投资者沟通

重组改制 → 上市准备 → 香港联交所申报 → 发行上市

①根据香港上市规则和中国境内法律法规的规定，进行全面的尽职调查，及时解决发现的问题
②制作全套中国证监会申报文件和香港联交所A1申报文件（包括但不限于招股说明书、审计报告、法律意见书等）
③召开股东大会审议通过上市相关议案
④引入上市前投资人（如需）

①路演、询价、全球配售
②引入基石投资者
③行使超额配售选择权
④挂牌上市

图 4-6 境内企业境外红筹上市流程

3. 外资准入现行政策

除香港、澳门和台湾地区的服务者外，我国目前对于外商投资医疗机构仅限于合资和合作两种形式。根据《中外合资、合作医疗机构管理暂行办法》（以下简称"《暂行办法》"）等文件的规定，在境内合资、合作举办医疗机构应满足以下要求：

（1）主体资格。

①中外双方应是能够独立承担民事责任的法人；

②中外双方应当具有直接或间接从事医疗卫生投资与管理的经验，并符合下列要求之一：能够提供国际先进的医疗机构管理经验、管理模式和服务模式；能够提供具有国际领先水平的医学技术和设备；可以弥补或改善当地在医疗服务能力、医疗技术、资金和医疗设施方面的不足。

（2）持股比例。合资、合作中方在中外合资、合作医疗机构中所占的股权比例或权益不得低于30%。

（3）投资总额。不得低于2000万元人民币。

（4）经营期限。不超过20年（因特殊情况确需延长的，合资、合作双方应当在合资、合作期限届满的90天前申请延期）。

二、医美企业上市重点核查的法律问题

（一）经营资质

（1）其生产经营所需的行业许可、药品注册、质量规范、药品标准等方面的资质、许可、质量认证等是否齐备，来源是否合法，GMP的取得过程是否合法合规，前述各类资质是否仍在有效期内，具体人员背景情况，是否存在潜在争议；公司的医护人员、专业技术人员是否取得必要的执业资格；外国医师是否获得《外国医师短期行医许可证》。医美企业要重视机构管理、运营效率、人才培训等方面的基础工作方便通过监管审核以及应对上市之后可能出现的各种问题。

（2）募投项目所需的各类行业资质或许可是否齐备。

（3）是否存在超出许可范围从事生产经营的情况。

（4）发行人的持续经营能力（是否受到过与资质许可相关的行政处罚，未来取得续期相关资质、许可、证照是否存在困难，原材料采购渠道是否单一，是否具有独立面向市场经营能力）。

（5）是否存在违法自行配置制剂情形。

（6）医美项目中的诊疗用品各个环节应具有相应资质：

①供应商应有药品生产许可证（生产商）、药品经营许可证（批发商）；

②国产药品应经国务院药品监督管理部门批准，取得药品注册证书（未实施审批管理的中药材和中药饮片除外）；

③进口药品应有《进口药品注册证》（或者《医药产品注册证》）、《进口药品检验报告书》或者注明"已抽样"并加盖口岸药品检验所公章的《进口药品通关单》；

④美容医疗机构对外销售药品，需办理药品经营许可证，对就诊人销售药品，无须药品经营许可证；

⑤美容医疗机构配制制剂应有医疗机构制剂许可证（医疗机构配制的制剂，应当是本单位临床需要而市场上没有供应的品种、医疗机构配制的制剂不得在市场上销售）；

⑥医疗机构使用麻醉药品和第一类精神药品应当取得《麻醉药品、第一类精神药品购用印鉴卡》（以下简称"《印鉴卡》"），并凭《印鉴卡》向本省、自治

区、直辖市范围内的定点批发企业购买;执业医师应当取得麻醉药品和第一类精神药品的处方资格,方可在本医疗机构开具麻醉药品和第一类精神药品处方,但不得为自己开具该种处方;进口的麻醉药品、精神药品应持有《进口药品注册证》(或者《医药产品注册证》)《进口准许证》和《进口药品检验报告书》。

(7) 外资准入的医疗器械相关规定。

外资准入现行政策之医疗器械的相关规定如表4-3所示。

表4-3 外资准入现行政策之医疗器械相关规定

产品分类	产品范围	产品注册管理制度	企业生产经营许可制度
Ⅰ类	风险程度低,实行常规管理可以保证其安全、有效的医疗器械	市级食品药品监督管理部门审查批准,实施产品备案	生产企业向所在地设区的市级人民政府食品药品监督管理部门备案
Ⅱ类	具有中度风险,需要严格控制管理以保证其安全、有效的医疗器械	省、自治区、直辖市食品药品监督管理部门审查批准,并发给产品注册证书	生产企业向所在地省、自治区、直辖市人民政府食品药品监督管理部门申请生产许可
Ⅲ类	具有较高风险,需要采取特别措施严格控制管理以保证其安全、有效的医疗器械	国务院食品药品监督管理部门审查批准,并发给产品注册证书	生产企业向所在地省、自治区、直辖市人民政府食品药品监督管理部门申请生产许可

(8) 与化妆品相关的规定。

①特殊化妆品指用于染发、烫发、祛斑美白、防晒、防脱发的化妆品以及宣称新功效的化妆品;

②普通化妆品指特殊化妆品以外的其他化妆品;

③供应商资质应具有《化妆品许可证》;

④国产特殊化妆品需要国务院药品监督管理部门许可的化妆品批准文号;国产普通化妆品则需要该机关的备案登记凭证;

⑤进口化妆品除国产化妆品需要提供的资料凭证之外,还需要海关出具的《入境货物检疫证明》。

(二) 核心技术

(1) 是否具备相关技术储备和技术力量配备。

(2) 相关产品的研发模式,是否存在合作研发,相关技术和产品的知识产权归属情况,是否存在专利纠纷。

(3)是否拥有创新药研发的关键核心技术,出资技术、对外授权技术、公司核心技术来源是否合法、合规。

(4)发行人的商标使用情况(商标使用许可、商标使用期限)。

(三)商业贿赂或不正当竞争(财务造假)

(1)报告期客户服务费的计提、支付情况,费用是否真实发生和实际支付。

(2)相关的服务是否具有真实商业背景,支付大额服务费的必要性和合理性,是否存在商业贿赂、利益输送等行为。

(3)市场管理费的真实性和合理性,是否存在与真实交易不符的发票,是否存在税务处理风险。

(4)宣传推广费的支出是否符合商业模式和行业惯例,与产品相对应情况,是否存在利用市场推广活动为发行人员工变相提供奖励、奖金或其他利益安排等情形。

(5)是否存在对医院、医生、医疗工作人员或其他相关方提供回扣、礼品,是否存在承担上述人员或其亲属境内外旅游费用等不合规的利益输送或变相商业贿赂行为,发行人防范商业贿赂发生的相关内部控制措施及有效性,与关联方之间的交易情况,价格是否公允、是否存在代付成本或者是利益输送等情形。

(6)学术会议召开的频次、召开的内容、参与人情况、费用报销等问题,是否存在商业贿赂。

(7)控股股东、实际控制人及关联方的资金占用问题,与关联方之间的交易情况,价格是否公允,是否存在代付成本或者利益输送。

(四)环保问题

(1)是否存在污染事故或隐患,环保措施是否到位。

(2)报告期内主要污染物种类及排放量、环保投入与排放量匹配情况,危险废物产生量及处理情况、处置单位及其拥有的资质。

(3)是否存在重大环保违法行为,相关处罚对发行人的生产经营和财务状况是否构成重大影响。

(4)发行人环保设施建设和运行情况,相关工艺流程是否符合相关要求并得以有效实施,是否与生产规模相匹配。

(5)发行人关于环保的内控制度是否健全有效、是否得以有效执行。

(6)医疗废弃物处置方是否取得环保部门认定的医疗废物集中处置资质。

(五)安全生产

(1)是否发生过重大安全事故,该等事故是否对持续经营能力产生重大影响。

（2）发行人安全生产，如实验室研发和生产阶段的生物安全等内控制度是否建立健全。

（3）报告期内发行人是否存在安全生产相关的重大行政处罚，发行人采取的整改措施及整改效果。

（六）产品质量

（1）出现质量不合格的原因、背景。

（2）出现质量不合格的产品的相关批次、后续处理情况。

（3）拟上市企业保证产品质量的内部控制制度失效的原因，以及采取了何种加强产品质量控制的措施。

（七）销售模式

（1）其销售模式、合作的经销商或配送商的情况。

（2）各种销售模式收入的金额及占比、销售结算模式。

（3）各渠道销售的毛利率营业成本和期间费用归集内容是否存在调节毛利率的情形。

（八）广告活动的合法合规性

（1）仅医疗机构可发布医疗美容广告，如无《医疗机构执业许可证》，则不得发布医美广告，且美容医疗机构在发布互联网医美广告时，只能以机构名义发布，不得以内部科室名义发布；不得利用"推荐官""体验官"等广告代言人为医疗美容做推荐、证明，不得使用医生或者专业人士为医疗广告代言；有关医疗机构的人物专访、专题报道等宣传内容，可以出现医疗机构名称，但不得出现医疗机构的地址、联系方式等医疗广告内容；不得在同一媒介的同一时间段或者版面发布该医疗机构的广告。

（2）医疗机构应取得《医疗广告审查证明》，按照核准的广告成品样件内容、媒体类别依法发布医疗广告，需要注意的是，《医疗广告审查证明》的有效期为一年，到期后仍需继续发布医疗广告的，应重新提出审查申请。

（3）医疗美容广告应当依法合规、真实可信，不得含有以下内容：功效、安全性的断言或者保证，或保证治愈或者隐含保证治愈；宣传治愈率或者有效率等诊疗效果；利用患者的名义和形象作为证明，出现患者治疗前后的对比照片（此次《指南》中指出使用患者名义或形象进行诊疗前后效果对比或者作证明的，将被重点打击）。

（4）需办理审批手续即发布广告资质，确认未因违法广告事宜受到过工商部门的处罚。

（5）不得将容貌不佳与"低能""懒惰""贫穷"等负面评价因素做不当关联或者将容貌出众与"高素质""勤奋""成功"等积极评价因素做不当关联。

(九) 主要客户信息披露豁免

医美公司的主营业务为医疗美容,是否曾接受过医疗美容诊疗服务属于个人隐私信息,公司具有保密义务,且客户的名称信息并不是影响投资者判断的关键信息,因此对客户是否接受过医疗美容诊疗服务可以不予披露。

第八节 化妆品的使用、销售及宣传

一、化妆品的法律概念及分类管理

化妆品的法律内涵是指以涂擦、喷洒或者其他类似方法,施用于皮肤、毛发、指甲、口唇等人体表面,以清洁、保护、美化、修饰为目的的日用化学工业产品。《化妆品监督管理条例》第三条我国对化妆品、化妆品原料按照风险程度实行分类管理,内容如表4-4所示。从监管角度可以将化妆品分为特殊化妆品和普通化妆品。国家对特殊化妆品实行注册管理,对普通化妆品实行备案管理。

表4-4 普通化妆品与特殊化妆品的法律概念及分类管理对比

特殊化妆品	内涵	指用于染发、烫发、祛斑美白、防晒、防脱发的化妆品以及宣称新功效的化妆品。产品包装上标注为"特字号"
	监管要求	我国对特殊化妆品实行注册管理,特殊化妆品经国家药监局注册后方可生产、进口,并对符合要求的特殊化妆品核发《特殊化妆品注册证》
普通化妆品	内涵	指特殊化妆品以外的化妆品。产品包装上标注为"妆字号"
	监管要求	我国对普通化妆品实行备案管理,申请备案的主管机关分国产和进口两种情形而有所不同: (1) 国产普通化妆品应当在上市销售前向备案人所在地省级药监部门备案; (2) 进口普通化妆品应当在进口前向国家药监局备案,但国家药监局可以委托具备能力的省级药监部门实施进口普通化妆品的备案管理工作

二、化妆品的使用、销售和宣传合规

一般来说,美容医疗机构作为化妆品行业的下游,也就是化妆品的销售渠道,不参与化妆品的原材料供应和制造,而是将化妆品用于医疗美容前的护肤或

者医疗美容后的修复，同时还可能将化妆品销售给消费者。化妆品经营者虽然无须取得专门的资质，但是对于化妆品的进货、贮存、运输、广告宣传等行为，仍然需要严格按照《化妆品监督管理条例》的要求执行。

（一）进货查验记录制度

美容医疗机构作为化妆品经营者，应当建立并执行进货查验记录制度，查验供货者的市场主体登记证明、化妆品注册或者备案情况、产品出厂检验合格证明，如实记录并保存相关凭证。

（二）贮存、运输

化妆品的贮存、运输应符合化妆品标签标示的要求，以免化妆品变质或损坏，美容医疗机构应当定期检查并处理变质或者超过使用期限的化妆品。

三、广告宣传

化妆品的广告宣传须严格遵守《广告法》《化妆品卫生监督管理条例》《化妆品广告管理办法》《化妆品标识管理规定》等法律法规的规定。2021年5月1日起施行的《化妆品功效宣称评价规范》，总体上对化妆品产品功效宣传提出了更为严格的要求，包括要求宣称特定功能的化妆品应当按照强制性国家标准、技术规范的要求开展人体功效评价试验等。

不少美容医疗机构在进行广告宣传时，容易夸大或者虚假宣传，较为典型的违法情形包括：（1）推广宣传过程中存在夸大、虚构化妆品功效，或其他虚假、引人误解或欺骗、误导消费者的内容；（2）在对化妆品功效的宣传中明示或暗示产品具有治疗各种疾病的功效；（3）在推广宣传过程中对化妆品的功效介绍不准确。

四、化妆品标签合规

（一）标签形式合规

化妆品标签通常有以下三种形式：

（1）打印或粘贴在化妆品的销售包装上，化妆品的最小销售单元应当有标签。

《办法》对"最小销售单元"的定义是："以产品销售为目的，将产品内容物随产品包装容器、包装盒以及产品说明等一起交付消费者时的最小包装的产品形式。"企业在销售产品时为了特定的营销目的，可能将各种产品混合搭售，搭售的形式不同，其最小销售单元的形式也会有所不同。常见的搭售形式有用一个纸盒将几个产品包在一起，或用一个网状袋子将几个产品裹到一起，等等。

判定这些搭售形式的最小销售单元时，应从保障消费者知情权的角度考虑。如果搭售产品的包装盒（袋）是不透明的，且消费者在购买产品前不能随意打开搭售产品的包装盒（袋）看到内部产品的标签信息，则这种销售形式的最小销售单元就是搭售产品的整体，搭售产品的包装盒（袋）上应当有标签；如果搭售产品的包装盒（袋）是透明的，消费者可以透过包装看到里面的产品信息，或者包装盒（袋）可以简单快速拆装而不易损坏，消费者在购买产品前可以任意打开包装而不影响产品销售，那么这种搭售产品整体的包装盒（袋）上可以没有标签，仅在各个产品上标注信息即可。

（2）打印在与销售包装外面相连的小册子、纸袋或卡片上。

（3）打印在销售包装内放置的说明书上，但需要注意的是，化妆品标识不得与化妆品包装物（容器）分离。

（二）产品名称规范

根据《化妆品标签管理办法》和《化妆品注册备案资料管理》的规定，化妆品标签应当使用规范汉字。标签中的化妆品中文名称一般由商标名、通用名和属性名三部分组成，且应符合下列要求：

（1）商标名应当符合国家有关法律、行政法规的规定。

若美容医疗机构以商标名作为化妆品的名称，则对化妆品产品的商标管理应当遵循相关的法律规定。化妆品产品中文名称中的注册商标使用字母、汉语拼音、数字、符号等的，应当在产品销售包装可视面对其含义予以解释说明。被注册备案时，化妆品标签的注册人、备案人应当提供商标注册证。

根据现行《商标法》的相关规定，以下标志不得作为商标使用：

①同中华人民共和国的国家名称、国旗、国徽、国歌、军旗、军徽、军歌、勋章等相同或者近似的，以及同中央国家机关的名称、标志、所在地特定地点的名称或者标志性建筑物的名称、图形相同的；

②同外国的国家名称、国旗、国徽、军旗等相同或者近似的，但经该国政府同意的除外；

③同政府间的国际组织的名称、旗帜、徽记等相同或者近似的，但经该组织同意或者不易误导公众的除外；

④与标明实施控制、予以保证的官方标志、检验印记相同或者近似的，但经授权的除外；

⑤同"红十字""红新月"的名称、标志相同或者近似的；

⑥带有民族歧视性的；

⑦带有欺骗性，容易使公众对商品的质量等特点或者产地产生误认的；

⑧不利于社会主义道德风尚或者有其他不良影响的。

县级以上行政区划的地名或者公众知晓的外国地名，不得作为商标。但是，地名具有其他含义或者作为集体商标、证明商标组成部分的除外；已经注册的使用地名的商标继续有效。

（2）通用名应当准确、科学，不得使用明示或者暗示医疗作用的文字，但可以使用表明主要原料、主要功效成分或者产品功能的文字。

（3）属性名应当表明产品的客观形态，不得使用抽象名称；约定俗成的产品名称，可省略其属性名。国家标准、行业标准对产品名称有规定的，应当标注标准规定的名称。

（4）化妆品命名禁止使用如表4-5所示内容：

表4-5 化妆品命名禁用内容

《化妆品命名规定》第5条	1. 虚假、夸大和绝对化的词语
	2. 医疗术语、明示或暗示医疗作用和效果的词语
	3. 医学名人的姓名
	4. 消费者不易理解的词语及地方方言
	5. 庸俗或带有封建迷信色彩的词语
	6. 已经批准的药品名
	7. 外文字母、汉语拼音、数字、符号等
	8. 其他误导消费者的词语
	前款第7项规定中，表示防晒指数、色号、系列号的，或注册商标以及必须使用外文字母、符号表示的除外

上述规定中，第②~⑦项在《商标法》中并没有具体规定。如第②项，《商标法》并不严格将禁止暗示性词汇作为商标获得注册。在实践中，在第3类"化妆品"等商品上，含有汉字"医"的商标，如"医美克""医美1号""医净堂""协医生""汉医光"等均被国家知识产权局核准注册。然而根据《化妆品命名规定》第六条的规定，化妆品的商标名分为注册商标和未经注册商标。商标名应当符合本规定的相关要求。因此，即便这些含有"医"字的商标获得商标注册，其仍然可能因不符合《化妆品命名规定》的要求而无法使用。

[参考案例] 北京某生物科技有限公司诉北京市药品监督管理局要求履行法定职责案

[基本案情] 被告北京市药品监督管理局认为原告申请备案的名为"协医尿囊素维生素E乳"的化妆品名称暗含医疗作用和效果，违反《化妆品命名规定》第五条第一款第二项的规定，因而不予备案。原告不服提起行政诉讼。最终法院驳回了原告的诉讼请求。

另外，关于医学名人的姓名，除了侵犯他人姓名权或者容易造成不良影响的标识外，《商标法》不禁止申请将古代医学名人的姓名作为商标注册和使用。实践中,很多包含古代名医姓名的商标在第Ⅲ类被核准注册。例如,华佗古皂、扁鹊通、葛洪老夫子等。但如果将这些注册商标作为化妆品名称的一部分,可能会涉嫌违反《化妆品命名规则》的相关规定,因此存在一定风险。

(三) 标签要素齐备

根据《化妆品标签管理办法》及配套管理办法的规定,化妆品标签应该包含如表4-6所示要素。

表4-6 化妆品标签必备要素

要素	具体要求
产品中文名称、特殊化妆品注册证书编号	在销售包装可视面显著位置标注,且至少有一处以引导语引出。化妆品中文名称不得使用字母、汉语拼音、数字、符号等进行命名,注册商标、防晒指数、色号、系列号,或者其他必须使用字母、汉语拼音、数字、符号等的除外
注册人、备案人的名称、地址	注册人或者备案人为境外企业的,应当同时标注境内责任人的名称、地址
生产企业的名称、地址	国产化妆品应当同时标注生产企业的生产许可证编号
产品执行的标准编号	/
全成分	化妆品必须在标签上标注化妆品的全成分。在销售包装可视面标注化妆品全部成分的原料标准中文名称。化妆品配方中存在含量不超过0.1% (w/w) 的成分的,所有不超过0.1% (w/w) 的成分应当以"其他微量成分"作为引导语引出另行标注,可以不按照成分含量的降序列出
净含量	应当使用国家法定计量单位标示,并在销售包装展示面标注
使用期限	生产日期应当使用汉字或者阿拉伯数字,以四位数年份、二位数月份和二位数日期的顺序依次进行排列标识;生产批号和限期使用日期。具有包装盒的产品,在直接接触内容物的包装容器上标注使用期限时,除可以选择上述方式标注外,还可以采用标注生产批号和开封后使用期限的方式。 销售包装内含有多个独立包装产品时,每个独立包装应当分别标注使用期限,销售包装可视面上的使用期限应当按照其中最早到期的独立包装产品的使用期限标注,也可以分别标注单个独立包装产品的使用期限

续表

要素	具体要求
使用方法	注意事项、使用指南、储存条件等凡使用或者保存不当容易造成化妆品本身损坏或者可能危及人体健康和人身安全的化妆品须标注。适用于儿童等特殊人群的化妆品须标注
必要的安全警示用语	在销售包装可视面标注：法律、行政法规、部门规章、强制性国家标准、技术规范对化妆品限用组分、准用组分有警示用语和安全事项相关标注要求的；法律、行政法规、部门规章、强制性国家标准、技术规范对适用于儿童等特殊人群的化妆品要求标注的相关注意事项的；法律、行政法规、部门规章、强制性国家标准、技术规范规定其他应当标注安全警示用语、注意事项的

（四）标签内容合法

标签内容合法有广义和狭义两个层面的理解。狭义上的化妆品标签信息合法是指标注信息符合《化妆品标签管理办法》及配套管理办法的要求，如真实、准确，不得宣传医疗作用、宣称使用疗效等；广义上的标签信息合法是指标注信息既要符合化妆品行业法规的要求，又要符合《商标法》《广告法》《反不正当竞争法》等法律的要求。

（五）其他合规要点

其他合规要点如表4-7所示。

表4-7 其他合规要点

小样标签	根据《化妆品标签管理办法》的规定，"以免费试用、赠予、兑换等形式向消费者提供的化妆品，其标签适用本办法"。这意味着试用装、赠品、小样同样需要按照《办法》执行
特殊标注豁免	化妆品净含量不大于15g或者15mL的小规格包装产品，仅需在销售包装可视面标注产品中文名称、特殊化妆品注册证书编号、注册人或者备案人的名称、净含量、使用期限等信息，其他应当标注的信息可以标注在随附于产品的说明书中。 具有包装盒的小规格包装产品，还应同时在直接接触内容物的包装容器上标注产品中文名称和使用期限

续表

标签瑕疵	标签瑕疵主要包括：文字、符号、数字的字号不规范，或者出现多字、漏字、错别字、非规范汉字的；使用期限、净含量的标注方式和格式不规范等的；化妆品标签不清晰难以辨认、识读的，或者部分印字脱落或者粘贴不牢的；化妆品成分名称不规范或者成分未按照配方含量的降序列出的；其他违反标签管理规定但不影响产品质量安全且不会对消费者造成误导的情形。 生产经营的化妆品的标签存在瑕疵但不影响质量安全且不会对消费者造成误导的，由负责药品监督管理的部门责令改正；拒不改正的，处 2000 元以下罚款

第五章

医美合规风险控制指引

第一节　医疗美容行业合规指引

医疗美容行业合规指引具体内容见图 5-1。

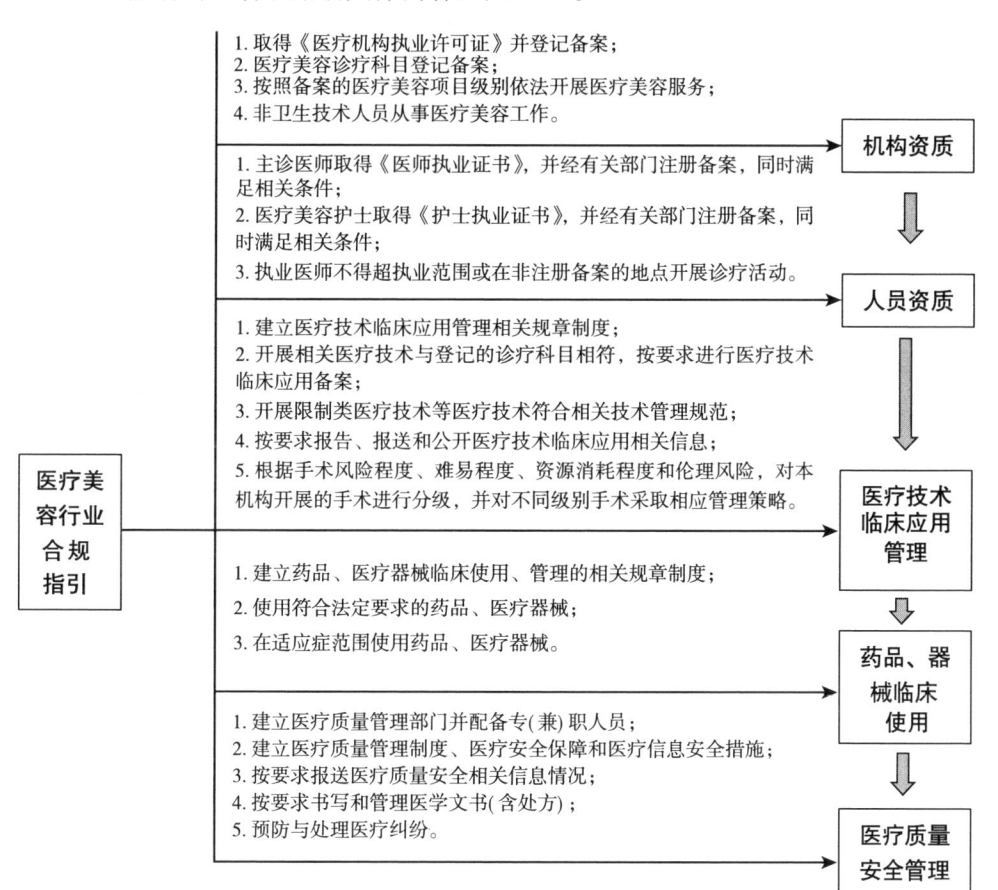

```
                                                                    ┌──────────┐
  ┌─────────────────────────────────────────────────────────┐       │ 机构资质 │
  │ 1. 取得《医疗机构执业许可证》并登记备案；                │──────▶└──────────┘
  │ 2. 医疗美容诊疗科目登记备案；                            │             │
  │ 3. 按照备案的医疗美容项目级别依法开展医疗美容服务；      │             ▼
  │ 4. 非卫生技术人员从事医疗美容工作。                      │       ┌──────────┐
  └─────────────────────────────────────────────────────────┘       │ 人员资质 │
  ┌─────────────────────────────────────────────────────────┐       └──────────┘
  │ 1. 主诊医师取得《医师执业证书》，并经有关部门注册备案，  │             │
  │    同时满足相关条件；                                    │             ▼
  │ 2. 医疗美容护士取得《护士执业证书》，并经有关部门注册    │       ┌──────────┐
  │    备案，同时满足相关条件；                              │       │ 医疗技术 │
  │ 3. 执业医师不得超执业范围或在非注册备案的地点开展诊疗活动│       │ 临床应用 │
  └─────────────────────────────────────────────────────────┘       │   管理   │
                                                                    └──────────┘
```

1. 建立医疗技术临床应用管理相关规章制度；
2. 开展相关医疗技术与登记的诊疗科目相符，按要求进行医疗技术临床应用备案；
3. 开展限制类医疗技术等医疗技术符合相关技术管理规范；
4. 按要求报告、报送和公开医疗技术临床应用相关信息；
5. 根据手术风险程度、难易程度、资源消耗程度和伦理风险，对本机构开展的手术进行分级，并对不同级别手术采取相应管理策略。

1. 建立药品、医疗器械临床使用、管理的相关规章制度；
2. 使用符合法定要求的药品、医疗器械；
3. 在适应症范围使用药品、医疗器械。

→ 药品、器械临床使用

1. 建立医疗质量管理部门并配备专(兼)职人员；
2. 建立医疗质量管理制度、医疗安全保障和医疗信息安全措施；
3. 按要求报送医疗质量安全相关信息情况；
4. 按要求书写和管理医学文书(含处方)；
5. 预防与处理医疗纠纷。

→ 医疗质量安全管理

（左侧总标签：医疗美容行业合规指引）

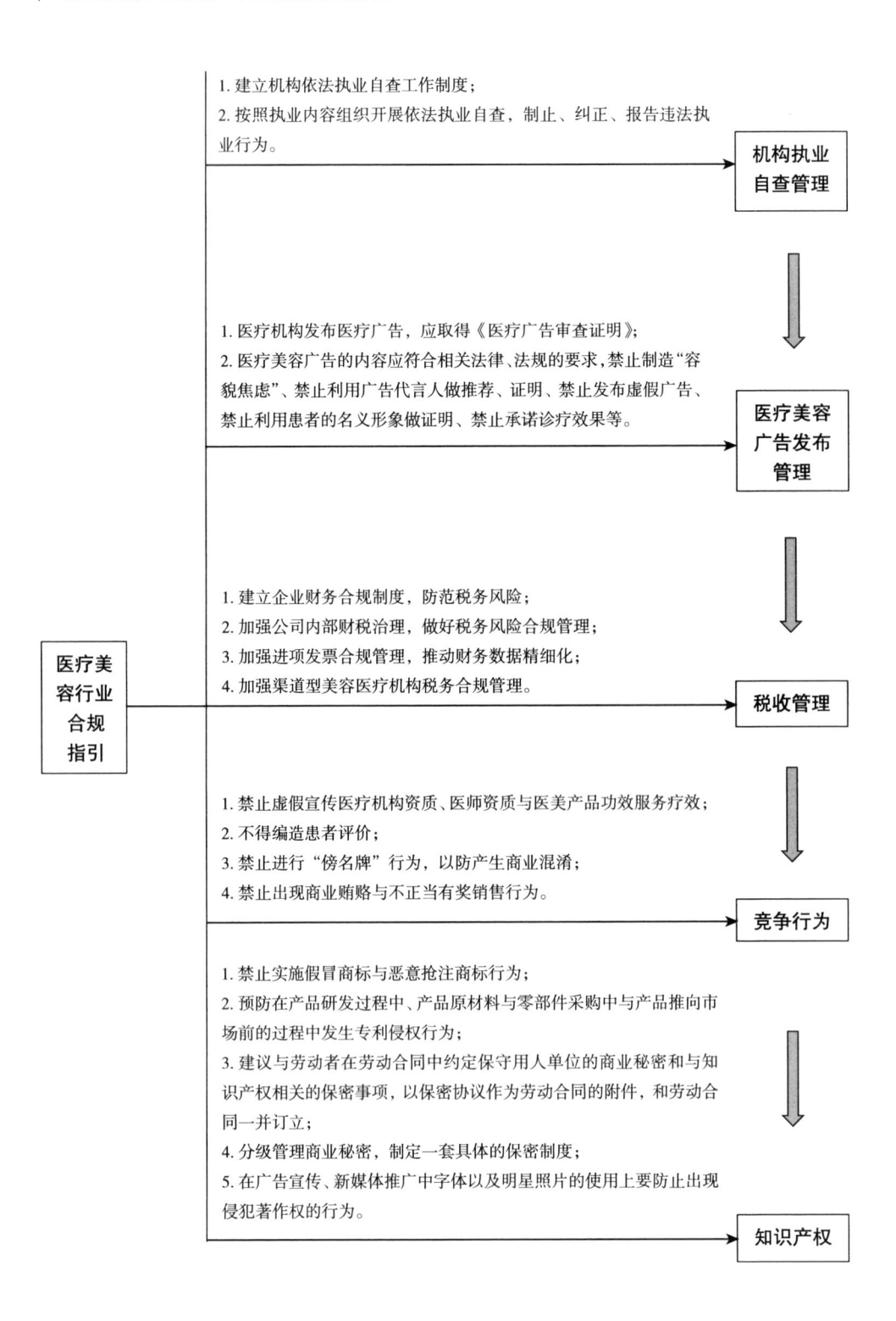

```
                                                              ┌──────────┐
      1. 建立机构依法执业自查工作制度；                          │ 机构执业 │
      2. 按照执业内容组织开展依法执业自查，制止、纠正、报告违法执 │ 自查管理 │
         业行为。                                               └──────────┘

      1. 医疗机构发布医疗广告，应取得《医疗广告审查证明》；
      2. 医疗美容广告的内容应符合相关法律、法规的要求，禁止制造"容  ┌──────────┐
         貌焦虑"、禁止利用广告代言人做推荐、证明、禁止发布虚假广告、 │ 医疗美容 │
         禁止利用患者的名义形象做证明、禁止承诺诊疗效果等。          │ 广告发布 │
                                                                    │ 管理     │
                                                                    └──────────┘

┌────────┐
│医疗美容│  1. 建立企业财务合规制度，防范税务风险；
│行业    │  2. 加强公司内部财税治理，做好税务风险合规管理；
│合规    │  3. 加强进项发票合规管理，推动财务数据精细化；      ┌──────────┐
│指引    │  4. 加强渠道型美容医疗机构税务合规管理。            │ 税收管理 │
└────────┘                                                   └──────────┘

      1. 禁止虚假宣传医疗机构资质、医师资质与医美产品功效服务疗效；
      2. 不得编造患者评价；
      3. 禁止进行"傍名牌"行为，以防产生商业混淆；              ┌──────────┐
      4. 禁止出现商业贿赂与不正当有奖销售行为。                │ 竞争行为 │
                                                              └──────────┘

      1. 禁止实施假冒商标与恶意抢注商标行为；
      2. 预防在产品研发过程中、产品原材料与零部件采购中与产品推向市
         场前的过程中发生专利侵权行为；
      3. 建议与劳动者在劳动合同中约定保守用人单位的商业秘密和与知
         识产权相关的保密事项，以保密协议作为劳动合同的附件，和劳动合
         同一并订立；
      4. 分级管理商业秘密，制定一套具体的保密制度；            ┌──────────┐
      5. 在广告宣传、新媒体推广中字体以及明星照片的使用上要防止出现 │ 知识产权 │
         侵犯著作权的行为。                                     └──────────┘
```

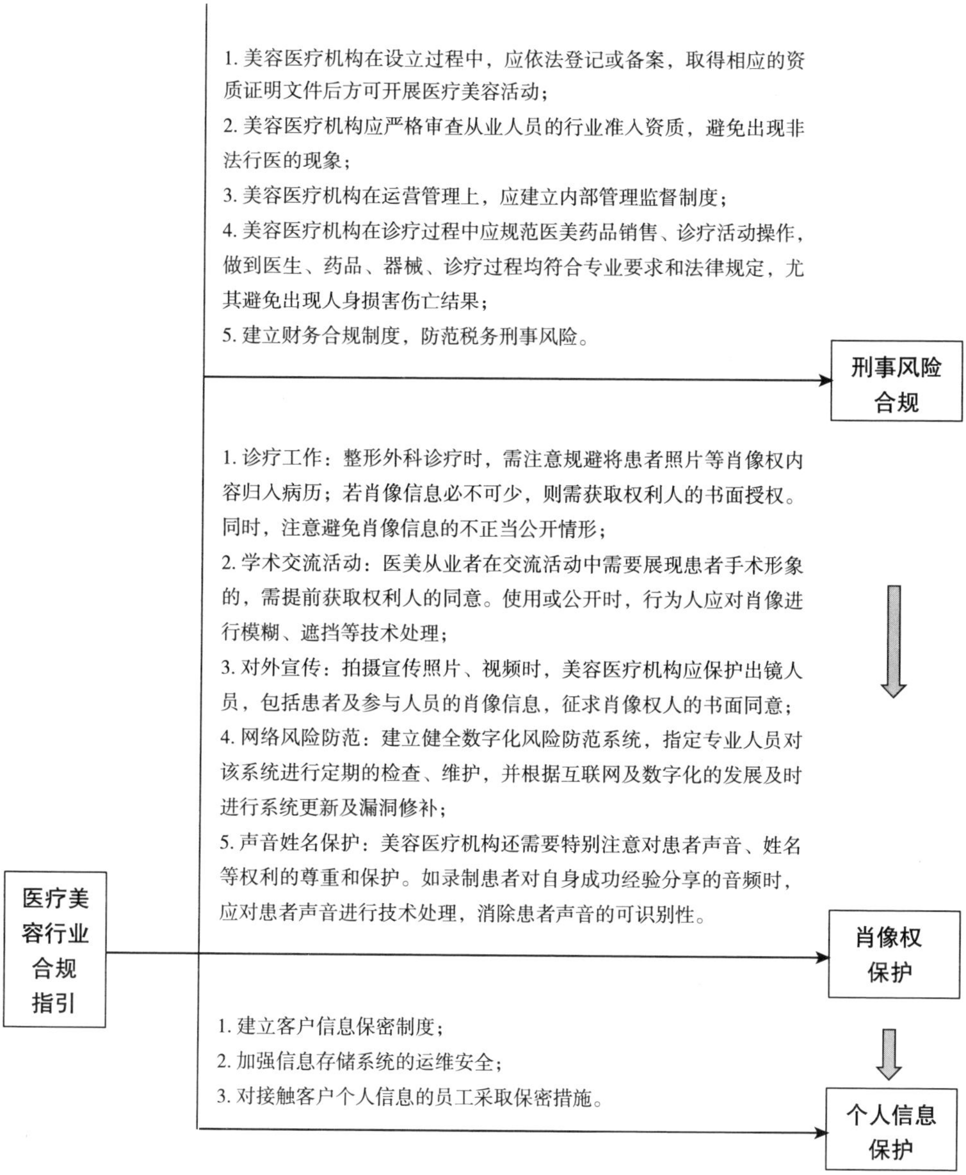

第五章 医美合规风险控制指引

医疗美容行业合规指引

刑事风险合规：
1. 美容医疗机构在设立过程中，应依法登记或备案，取得相应的资质证明文件后方可开展医疗美容活动；
2. 美容医疗机构应严格审查从业人员的行业准入资质，避免出现非法行医的现象；
3. 美容医疗机构在运营管理上，应建立内部管理监督制度；
4. 美容医疗机构在诊疗过程中应规范医美药品销售、诊疗活动操作，做到医生、药品、器械、诊疗过程均符合专业要求和法律规定，尤其避免出现人身损害伤亡结果；
5. 建立财务合规制度，防范税务刑事风险。

肖像权保护：
1. 诊疗工作：整形外科诊疗时，需注意规避将患者照片等肖像权内容归入病历；若肖像信息必不可少，则需获取权利人的书面授权。同时，注意避免肖像信息的不正当公开情形；
2. 学术交流活动：医美从业者在交流活动中需要展现患者手术形象的，需提前获取权利人的同意。使用或公开时，行为人应对肖像进行模糊、遮挡等技术处理；
3. 对外宣传：拍摄宣传照片、视频时，美容医疗机构应保护出镜人员，包括患者及参与人员的肖像信息，征求肖像权人的书面同意；
4. 网络风险防范：建立健全数字化风险防范系统，指定专业人员对该系统进行定期的检查、维护，并根据互联网及数字化的发展及时进行系统更新及漏洞修补；
5. 声音姓名保护：美容医疗机构还需要特别注意对患者声音、姓名等权利的尊重和保护。如录制患者对自身成功经验分享的音频时，应对患者声音进行技术处理，消除患者声音的可识别性。

个人信息保护：
1. 建立客户信息保密制度；
2. 加强信息存储系统的运维安全；
3. 对接触客户个人信息的员工采取保密措施。

图 5-1 医疗美容行业合规指引

第二节　美容医疗机构运营合规指引

美容医疗机构运营合规指引具体内容见图 5-2。

美容医疗机构运营合规指引

业务合同
避免存在不公平的格式条款：
1. 单方面约定预付卡（充值卡）有效期，超期余额不退还；
2. 单方约定医美手术费、医疗费等一律不退；
3. 经营者通过设置严苛附加条件推卸自身责任，增加消费者的负担；
4. 单方约定在退卡时一律按照接受服务的原价抵扣费用；
5. 单方面约定美容院对签订的合同有唯一解释权，排除消费者解释的权利，失去公平性与合法性；
6. 利用不公平格式条款加重消费者责任。

股权转让
1. 股权转让的一般流程包括：（1）法律尽职调查；（2）股权评估；（3）意向书签订；（4）协议签订；（5）股权过户和股权变更登记；
2. 法律尽调应重点关注美容医疗机构的医疗资质、医疗质量及经营管理方面是否存在法律风险；
3. 股权转让需遵循《公司法》的有关规定；
4. 关于美容医疗机构在股权转让交易中提供担保的效力的问题，应区别对待营利性的美容医疗机构与非营利性的美容医疗机构。

劳动人事
1. 对于聘用在原美容医疗机构停薪留职医师、未达到法定退休年龄的医师、下岗待岗医师以及原美容医疗机构停产放长假医师，要与其签订正式劳动合同；
2. 对于未与原美容医疗机构办理离职手续，或者多点执业医师，应与其签要《劳务协议》，并事先声明双方是劳务合作，并非劳动关系。

机构加盟
1. 加盟商在冷静期内有权单方解除合同；
2. 特许经营合同中应约定商业秘密保护及同业竞争条款，并对违约责任进行严格规定；
3. 特许人不得违反直营店和经营期限的要求、应办理行政备案及履行报告义务、应说明合同订立前收费的用途；
4. 特许人应在订立特许经营合同前至少30日内，以书面形式向被特许人披露相关信息，并提供合同文本；
5. 特许人在推广和宣传活动中，不得进行欺骗或误导行为，广告中不得宣传加盟收益；
6. 连锁加盟不得非法集资，不得破坏金融秩序，不得进行虚假宣传，不得违反广告法，不得进行合同散诈与诈骗行为，不得组织与领导传销活动等。

第五章 医美合规风险控制指引

```
                                                    ┌─────────┐
1. 确保所有收入和支出通过正规渠道进行,并及时完成税务申报;      │         │
2. 建立严格的内部控制体系,包括审批流程和审计检查,提高财务     │         │
透明度和真实性;                                              │         │
3. 加强财务人员的专业培训,利用财务软件和信息技术提升管理效     │ 财务管理 │
率,确保资金安全和合规使用;                                    │         │
4. 重视发票管理,避免因发票问题引发的税务风险;                │         │
5. 制定科学合理的筹资策略;                                    │         │
6. 优化资金管理,确保资金在各个环节中高效流动,降低运营风险;    │         │
7. 制定合理的收益分配政策,平衡短期和长期利益,降低财务风险。   └─────────┘

1. 避免设定"霸王条款",并向消费者提示和说明格式条款;
2. 依法规范自身的经营行为,办理单用途商业预付卡业务备案,制
定合理的规章制度;                                           ┌─────────┐
3. 严格遵守平等、诚信的原则,与消费者签订书面协议,并履行相    │ 预付式  │
应的提示告知义务,依法管理预付款资金及消费者的个人信息和个     │ 消费    │
人隐私;                                                      └─────────┘
4. 及时对购买预付卡的消费者进行回访和跟踪了解消费者对于服务
的意见及想法,避免双方产生矛盾。

1. "二手"医疗器械能够依法转让,但需满足转让对象、交易主体、
转让标的、质量保证义务等要求;
2. "二手"医疗器械受让应为医疗器械使用单位;                 ┌─────────┐
3. 受让方应取得《医疗机构执业许可证》或《诊所备案凭证》,且许  │ 在用医疗 │
可证的执业范围需要包括对应医疗器械的适用范围;                │ 器械转让 │
4. "二手"医疗器械转让无需办理医疗器械经营许可证;            └─────────┘
5. 医疗器械经营企业不得受让"二手"医疗器械;
6. 无偿捐赠"二手"医疗器械需要履行转让手续。

1. 美容医疗机构开展生活美容活动不需要另行办理《卫生许可证》
等监管要求相对较低的资质,但是美容医疗机构中从事生活美容服
务的人员必须是卫生技术人员,若美容医疗机构想要由非卫生技术
人员实施生活美容服务,必须在单独区域重新申办生活美容机构,
并单独办理《卫生许可证》;                                   ┌─────────┐
2. 在美容医疗机构内开展推拿、按摩、刮痧、拔罐等医疗保健服务  │ 医美与生 │
必须由卫生技术人员实施,不得聘用非卫生技术人员开展此类活动;   │ 美业务交 │
3. 生活美容机构不得开展医疗美容相关的服务。倘若生活美容机构  │ 叉开展   │
同时从事医疗美容服务的,必须依法注册登记并获得《医疗机构执    └─────────┘
业许可证》。此外,提供医美服务的相关人员需要获得双证,主诊医
师还需取得相应的医疗美容主诊医师资格。
```

美容医疗机构运营合规指引

图 5-2 美容医疗机构运营合规指引

第三节 "医美+"业务的合规指引

"医美+"业务合规指引具体内容见图5-3。

"医美+"业务合规指引

渠道医美
1. 渠道美容医疗机构不得为赚取高额返佣，过度营销或作出夸大、不实承诺的宣传；
2. 渠道美容医疗机构不得定价较高超过市场价格；
3. 渠道美容医疗机构禁止未签署书面合同、私卡收款转账、未申报税收等行为；
4. 渠道美容医疗机构不得实施商业贿赂，如佣金支付比例过高等；
5. 判断渠道美容医疗机构高额返佣行为是否构成商业贿赂的认定标准：是否建立真实合作关系、给付对象是否为中间方、中间方是否具备资质、佣金是否属于正常劳务报酬、佣金给付是否公开透明。

医美平台
1. 平台若提前收取保证金、押金等费用，应考虑归还时间及逾期归还后果等事宜；
2. 平台应当做好全面专业应对，重视收支管理、分类汇总整理；
3. 平台应遵守医美广告发布相关规定；
4. 美容医疗机构在平台上开展诊疗咨询等工作的，应注重保护消费者的肖像权；
5. 美容医疗机构在与平台合作时应当要求平台有关机构、消费者的消费数据及个人信息不得泄露；
6. 医美平台应履行提供网络服务的相关义务，对网络主体进行监督。

医美培训
1. 确保其培训项目获得相应的教育或卫生部门批准，且仅对具有医疗背景的专业人士开放；
2. 依据医疗美容行业标准和最佳实践制订培训内容，避免推广未经验证或非法的医疗美容方法；
3. 确保讲师具备国家认可的专业资格和丰富的临床教学经验；
4. 建立包括理论考核、实践操作和长期跟踪在内的评估体系；
5. 确保宣传材料真实反映培训内容和效果，不得虚假宣传；
6. 通过正规渠道公开培训信息，便于公众监督。

医美直播
1. 如果医美直播被认定为医疗广告的，就需要进行广告备案审查和直播内容的合规性审查；
2. 医美直播内容的合规性审查主要包括：
（1）美容医疗机构是否取得相关的资质证书；
（2）直播平台是否取得《互联网药品信息服务资格证书》《互联网药品交易服务资格证书》等资质证书；
（3）直播内容应符合《互联网广告管理办法》《医疗美容广告执法指南》《药品、医疗器械、保健食品、特殊医学用途配方食品广告审查管理暂行办法》等相关规定；
（4）直播内容不得侵犯他人肖像权；
（5）直播中涉及的器械比如胶原蛋白植入剂、水光针等是否根据最新调整的《医疗器械分类目录》完成注册或备案。

第五章 医美合规风险控制指引

"医美+"业务合规指引	内容	分类
	1. 美容医疗机构在满足消费者分期支付需求的同时，应选择与证照齐全、依法合规经营的金融机构合作； 2. 美容医疗机构需注意评估等宣传或介绍的行为及内容是否会构成金融营销宣传行为； 3. 美容医疗机构应关注商业贿赂等不正当竞争的风险，并确保相关佣金如实入账； 4. 美容医疗机构在创办时严格遵循医美市场的准入条件，办理相关资质，在日常运营中注意场所设备的规范使用，并做好员工培训和监督； 5. 美容医疗机构在选择合作的贷款机构时应深入了解和审查合作对象，并对消费者的收入情况、支付能力和还款能力进行一定的了解。	"医美贷""医美分期"业务
	1. 对投资者来说，不仅要核查股权及历史沿革、业务资质及许可、人员资质、重大资产、环保消防及安全、劳动、行政处罚、诉讼等常规内容，还应根据目标公司定位、业务领域、经营模式有的放矢。 2. 对美容医疗机构来说，建议始终将合规建设作为重中之中，从设立初期就着手合规体系的建设，并随着经营活动的开展逐步完善公司合规体系； 3. 在起草交易文件中，除了约定交易价格、付款安排等基础条款，还应设置陈述与保证、前提条件、过渡期安排、交割后义务、业绩承诺等条款。	医美投资并购交易活动
	1. 医美企业上市路径包括：（1）境内上市：①上市公司收购或合作；②新三板挂牌；（2）境外上市：①直接上市；②红筹上市；③外资准入现行政策 2. 医美企业上市重点核查的法律问题包括：（1）经营资质；（2）核心技术；（3）商业贿赂或不正当竞争（财务造假）；（4）环保问题；（5）安全生产；（6）产品质量；（7）销售模式；（8）广告活动的合法合规；（9）主要客户信息披露豁免。	医美企业上市流程及审核要点
	1. 美容医疗机构作为化妆品经营者，应当建立并执行进货查验记录制度，查验供货者的市场主体登记证明、化妆品注册或者备案情况、产品出厂检验合格证明，如实记录并保存相关凭证； 2. 化妆品的贮存、运输应符合化妆品标签标示的要求，以免化妆品发生变质或损坏，美容医疗机构应当定期检查并处理变质或者超过使用期限的化妆品； 3. 化妆品的广告宣传须严格遵守《广告法》《化妆品卫生监督管理条例》《化妆品广告管理办法》《化妆品标识管理规定》《广告法》等法律法规的规定； 4. 化妆品标签合规包括：（1）标签形式合规；（2）产品名称规范；（3）标签要素齐备；（4）标签内容合法等。	化妆品的使用、销售及宣传

图 5-3 "医美+"业务合规指引